安徽省级"六卓越、一拔尖"卓越人才培养创新项目（2020zyrc034）

2022年度安徽工程大学校级科研项目（Xjky2022214、JG00000525）

安徽省教育厅高校优秀科研团队认知神经科学创新团队（2022AH010060）

安徽工程大学运动健康产业协同创新平台

2023年安徽省高校人文社会科学重点项目"基于民族传统体育价值重构的高校武术课程研究"

社区运动健康管理理论与实践

张　勇　主编

浙江工商大学出版社
ZHEJIANG GONGSHANG UNIVERSITY PRESS
·杭州·

图书在版编目(CIP)数据

社区运动健康管理理论与实践 / 张勇主编. —杭州：
浙江工商大学出版社,2023.5
ISBN 978-7-5178-5462-3

Ⅰ. ①社… Ⅱ. ①张… Ⅲ. ①社区—体育活动—研究
—中国 Ⅳ. ①G812.4

中国国家版本馆 CIP 数据核字(2023)第065718号

社区运动健康管理理论与实践

SHEQU YUNDONG JIANKANG GUANLI LILUN YU SHIJIAN

张 勇 主编

责任编辑	张莉娅
责任校对	林莉燕
封面设计	望宸文化
责任印制	包建辉
出版发行	浙江工商大学出版社
	(杭州市教工路198号　邮政编码310012)
	(E-mail:zjgsupress@163.com)
	(网址:http://www.zjgsupress.com)
	电话:0571-88904980,88831806(传真)
排　版	杭州朝曦图文设计有限公司
印　刷	杭州宏雅印刷有限公司
开　本	787mm×1092mm　1/16
印　张	14
字　数	298千
版 印 次	2023年5月第1版　2023年5月第1次印刷
书　号	ISBN 978-7-5178-5462-3
定　价	65.00元

编委会

前　言

　　整理有关社区运动理论与实践的资料的想法始于2015年5月,断断续续整理材料和协调编委的工作持续了近8年。本教材的编写周期横跨我的整个博士后研究以及其后几个相关课题的申请与结题阶段,得到了体育、营养、数据监控领域专家的支持。今天终于要交付出版社了,我心中感慨万千。

　　社区运动与健康的指导和监控的选题,缘起于运动健康监控专家马祖长研究员。当时我申请了中国科学院合肥物质科学研究院博士后,去找马老师谈研究计划。我们讨论了整整一个下午,从竞技运动高水平运动员的科学化训练到全民健身的数据化管理与个性化监控,从居家养老环境下如何提升对运动效果的管理到慢性病的运动康复手段的精准化建设。回顾往昔,自己虽在各个领域有些思考和探索,但是真正做得相对系统些的还是在社区健身管理方面。

　　而做社区健身领域的研究也面临着当初我们都没有预料到的困难,因为社区健身更多的是个人行为,有运动习惯的居民很难改变个人的运动习惯,而没有运动习惯的居民要想坚持一个运动项目也往往会因为惰性而坚持不下去。后来,马老师不止一次地跟我讲:"我们做的社区运动健康促进,最重要的还是健身教育。"而随着工作的不断深入,我越发明白马老师所说的意思。要出一本指导专业本科生和研究生进行社区健身指导的教材,同时也是提升社区居民自我健身意识和技能的参考书,这个想法也就越来越强烈了。

　　正因为这个想法,所以本教材主要由理论和实践两个部分组成,理论是对社区运动健康管理的概念和相关支持知识体系进行的梳理,而实践是从常规体育项目技术层面提炼出适合居家锻炼和在社区环境下进行运动的方法和注意事项。突出社区健身指导工作人员和自我运动锻炼的居民需要的健身教育,这也是真正推广社区运动健康管理的正确方法。教材初稿完成后,获得了浙江工商大学出版社的充分肯定,出版社认为这是对社区健身领域所做的一次具有重要意义的探索。近年来,居家锻炼和就近运动的趋势更加明显,社区健身理应获得更多体育教师的关注。

　　本教材由安徽工程大学体育学院张勇副教授担任主编,安徽工程大学的胡好教授、李俊博士、杜静歌副教授、闫林副教授、陈智老师、宼猛老师及在读研究生袁珂、李慧敏、李旭丰、朱根娣整理了社区运动健康促进的适用方案,滕安琪同学承担了文字整理与配图工作,安庆师范大学的孙明运教授、王晓东教授、钱振宇副教授、张书军副教授、王友亮副教授及在读研究生丁可欣、宋飞云、孙雯分别从筛选、营养等角度构建了社区运动健康管理理论框架,安徽中医药大学体育健康学院的王鹏老师参与了乒乓球部分的编写,安徽文达信息工程学院的张香亚老师补充了舞蹈健身内容,中国科学院合肥物质科学研究院的张瑞骐博士承担了数据化管理方面的编写工作。

参与编写的多为高校专业教师,也有运动健康数据化方面的专家。本次编写历时长,涉及项目多,且需要体现社区健康实践需求,难度可想而知,不足之处,请各位专家、学者、社区健身指导人员斧正。

编 者

2023 年 3 月

目 录

附　录 ···205

第一章　社区运动健康管理基本理论

　　社区运动健康管理这一全新概念,是顺应当下大众对于居家健身和社区就近锻炼的喜欢,以及未来社区化健身方式更受欢迎,且大众对于健身锻炼的需求更加凸显这一趋势。同时,中国已经步入老龄化社会,伴随着城市的发展,居住条件不断改善,社区健身锻炼的设备和场地不断完善,居家养老已经成为很多老年人的选择,这促使社区服务中的健身指导人员关注老年人健身。另外,工作和生活的压力导致职场人士健身锻炼的时间进一步缩减,身心健康也出现"危机"。迫切需要对这一类人群的健身进行干预,对其锻炼进行合理指导。中老年尤为喜欢的"广场舞"这一集体形式的社区健身项目已经在中国风靡近20年,且未来可能会有更多的年轻人投入其中。对这些运动项目的潜在风险和可能造成的运动损伤进行预防,以及对已经造成的轻度损伤进行合理的纠正训练,这些都是社区健身指导工作需要关注的问题。

第一节　社区运动健康管理缘起

一、全民健身

　　1987年召开的全国体育发展战略研讨会上提出了"全民健身"的概念。这一概念区别于职业体育和竞技体育专业培养系统,其主要目标是促进广大群众从事体育锻炼,增进身体健康。随着大众对于体育健身需求的变化,全民健身的运动项目也在不断丰富,目前我国形成了以政府、社会组织和企业提供健身公共服务为主的体系,积极推进全民健身保障,提倡借助"全民健身日"、重大赛事等来加强宣传,倡导更加健康的生活方式,开展"终身体育"教育。

二、体育社会指导

　　1995年,我国颁布实施《全民健身计划纲要》,号召人们加强身体素质锻炼,目的是提高全民身体免疫力,紧跟我国社会主义现代化建设的步伐,并采取切实有效的措施,推进全民健身计划,发展群众体育。该纲要明确指出:"倡导社区做到:提供一处以上体育健身活动场所,每年举行两次社区范围的体育健身活动,建立一支社会体育指导员队伍。"

有效的体育锻炼离不开科学的体育指导,因此建立一支体育社会指导队伍是必要的,也是重要的。

三、运动健康管理师

大量科学研究数据显示,引起疾病的主要原因有3个:一是遗传因素;二是环境因素;三是生活方式。其中遗传因素是内因,环境因素和生活方式是外因,内因不可改变,外因却可以控制,因此需要人们通过改变周围的生活环境和生活方式来预防疾病,提高生活质量。健康管理是一个长期的、动态的、系统的过程,需要专业技术人员进行系统科学的管理。通过健康管理,除可以确保被管理者健康外,还可以节省大量医疗费用,减少疾病痛苦,提高工作效率,增加家庭的幸福和谐。

科学研究数据表明:平时缺乏运动,突然面临剧烈运动时,心脏病发作的危险性会增大6~100倍,肌肉拉伤的概率也会随之增大。一定情况下,运动量与运动风险成正比关系。运动健康管理中这些运动风险与运动者正常的生理活动密切相关,如果运动强度或方式不当,就会给身体健康造成严重危害,甚至导致死亡。长时间的、剧烈的运动,可能会使人在运动中的痛觉敏感度下降,对心脏病发作时引起的胸部剧痛感知不明显或难以感知,此时就会酿成大祸危及生命。因此我们要做自己的健康管理师,时时刻刻监控自己的运动健康。

第二节　社区运动健康管理新概念

一、健康的定义

世界卫生组织于1948年提出了对健康的定义,即健康是一种个人躯体、精神与社会和谐融合的完美状态。传统的健康的定义是"不生病就是健康",现代的对健康的定义则是全面的健康,即身体、精神都健康。同时世界卫生组织也提出"健康不仅是躯体没有疾病,还要具备心理健康、社会适应良好和有道德"。因此,现代人的健康内容包括躯体健康、心理健康、心灵健康、社会健康、智力健康、道德健康、环境健康等。

二、健康管理的定义

健康是人的基本权利,同时健康也是资源,是资源就可以被管理,通过管理可以让健康发挥对人体的最大作用。健康管理就是对个体或群体的健康进行全面监测、分析、评估,提供健康咨询和指导以及对健康危险因素进行干预的全过程。健康管理的理念最早起源于美国,是指一种对个人或人群的健康危险因素进行全面监管的过程,是在健康评估的基础上,提供有针对性的健康改善计划,鼓励和帮助人们主动采取行动来改善和维护健康,树立正确的健康观。我国和西方的古代医学文献中都蕴含着积极的健康管理思想。我国的《黄帝内经》中就有"圣人不治已病治未病"的表述。治未病包括未病先防、既病防病和病后康复3个方面的积极措施。东汉著名医学家华佗编排养生五禽戏，以求实现养生健体的功效。全国各地也兴起了许多拳法，例如太极拳、形意拳、内家拳、八卦拳、长拳和短拳等，都深受广大人民的喜爱。我们党和国家历来关心重视人民群众的身体健康问题，《中华人民共和国民法典》中就明确规定人的健康权受保护，健康不只是自己关心的问题，也是国家和社会同样关注的问题。不论是古代还是现代，人们对于健康的重视都是有迹可循的，健康管理迫在眉睫，开展全民健康宣传势在必行，让健康管理落实到每个角落每个人身上，惠及每个人。

三、运动健康管理的定义

运动健康管理是健康管理的分支学科，体育运动是健康生活方式的重要体现，但运动也要有个度，即需要科学的运动管理手段。运动健康管理就是应用现代医学知识和科学的体育运动手段从社会学、生理学、心理学角度来系统地关注和维护运动者的身体健康。运动健康管理是指根据个人所提供的健康状况、生活状况、运动习惯，进行适能评估、运动咨询和沟通，了解其运动的需求与目标，建立个人专属的运动处方，提供安全、有效、合理的运动计划，以切合实际的教学方式进行指导，配合运动成效追踪的全方位健康服务，协助提升个人体能及身体适能，进而达到个人运动健身的目标与身体健康的目的。

四、社区运动健康管理的指导意义

全面建设"健康中国"不仅要解决当前社会各群体出现的健康问题，还要让其维持良好的健康状态。运动健康管理作为建设"健康中国"的重要举措，从识别到干预，然后通过监督、反馈进行再次干预，这样的循环过程可以有效解决当下社会群体出现的健康问题。当然运动健康管理中的循环干预，也提高了人们的运动参与度，在提高人们体质健康水平的同时，激发了人们对体育运动的兴趣，让人们养成参与运动的习惯。社区运动健康管理的目的在于发现不健康状态、疾病前期和疾病危险因素等问题，达到早预防、早发现、早诊断、早治疗的目的，使健康人拥有健康、亚健康人促进健康、病人恢复健康，从而有效地利用医疗资源，节约医疗服务成本，减轻个人的经济负担和社会负担。

第三节　运动健康管理的益处与风险

一、运动健康管理概述

20世纪70年代初，健康管理开始在美国出现，很快发展了数百家健康管理公司，越来越多的人随之也享有了健康管理服务。健康管理是指对个人或人群的健康危险因素进行全面监测、评估、分析以及预测和预防的整个过程。其宗旨是调动个人和集体的积极性,有效地利用现有的资源来达到最大的健康改善效果。运动健康管理作为一种服务,其具体做法是根据个人的健康状况进行评价和为个人提供有针对性的健康指导,使他们采取行动来改善健康。

体育运动是健康生活模式的表现形式,其不仅需要科学的管理手段,也需要利用现代医学和科学的体育方式来维护人们的身体健康。运动健康管理的目的是了解人的目标和需求,通过自身的身体状况和运动习惯等建立适合个人的运动方案,通过具体的教学形式进行指导,从而提高个人身体机能、身体适应能力和健康水平。

二、运动健康管理的益处

为了消灭影响人体健康的危险因素,以及预防疾病,提高现代人的生活质量,我们需要通过对身体活动、心理行为和社会适应程度进行适当的干预,以帮助人们建立健康理念,让其有正确的生活方式和活动过程。

正确的生活方式是促进运动健康的行为表现,包括合理膳食、健康营养,积极锻炼、保持标准体重,保有乐观的心态、良好的心理素质,具有良好的社会适应能力和高尚的道德情操,等等。

运动健康的主要内容有:防治疾病的重要手段之一是体育锻炼,坚持科学锻炼身体,除了帮助人们拥有健康的体魄,还可以起到使人身心愉悦、拥有积极向上的心态、克服困难、缓冲压力、在运动过程中广交朋友等作用。

运动干预是健康管理的内容之一。其主要源于运动对于慢性疾病的有效防控与辅助康复的作用。有氧运动是运动干预的基础。坚持运动干预能够改变人们不良的生活方式,有效的运动还可以很好地帮助人们排出体内因过多摄入的脂肪等而产生的不良物质,改善身体各器官的机能,同时,运动对大脑功能与情绪调整也具有非常重要的作用。

运动干预的原则是根据不同人群和具体特征,有针对性地选择适合他们的运动方式、较适中的运动强度、适当的运动时间以及适宜的运动环境。

还要建立个人专属的运动健康档案并且持续维护,包括记录个人信息(如性别、年龄、身高、体重等)、各种身体指标检测数据(血压、脉搏、肺活量等)、家族病史、个人疾病史、个人生活习惯、营养状况、运动状况(记录运动产生的各项数据,如运动步数、有效运动时间和运动距离)等所有与健康相关的信息。先查看个人当天和过往的运动记录,再根据个人的身体素质来设定运动量,要以运动后身心舒适为准则。

通过增强个人健康生活方式的培养,可将健康理念融入日常生活。没有健康的身体,生活的质量就会下降,而健康的生活方式,则是身心健康的前提保证。健康管理的重要环节和最终目的是培养健康的生活方式。因此,个人健康生活方式的培养非常重要。要建立个人时间表,用科学的方法合理安排生活时间,并且严格遵守。作息规律且形成良好的生活习惯,保持轻松愉悦的心情,并充分认识到吸烟喝酒的危害性,这样更有益于身体健康。

此外,要改善营养膳食习惯。合理的饮食能提供充足的营养,从而提高人们的健康水平,预防多种疾病的发生和发展,延长寿命,进而提高整个民族的整体身体素质。不合理的饮食,包括营养过度或不足,都会给人们的健康带来不同程度的危害。因此,克服不良的饮食习惯是至关重要的。例如:在吃饭时看书、看报纸、看电影等,会影响肠胃对食物的消化吸收;由于减肥而过少进食人群也非常容易引发一些疾病等。建议在进食时要根据食物金字塔来选吃食物,不偏食,不挑食,达到营养均衡,科学膳食。

健康管理可纳入社区卫生服务范畴,使人们认识到预防比治疗更重要,满足居民对卫生和运动保健的需要。社区体育工作是社区工作的重要组成部分,应转变服务观念,优化服务内容,提升服务水平和服务质量,充分发挥社区体育积极分子的骨干作用和管理作用。

三、运动健康管理的风险

危害运动健康的行为主要发生在运动过程中及目标的设置上,如:运动过程中不遵守原则,对运动损伤的处理不当;盲目攀比,设置与自身不符的运动目标。

要定期进行健康风险评估,如心理压力评估、亚健康自测和身体机能测评等评估项目,随时监测,以提高人们的生活质量。个人的身体条件、机体适应能力、锻炼效果都有所不同,所以任何锻炼手段和强度都不具备普遍性。在前期锻炼的基础上,可通过身体机能测评,随时掌握自身健康现状,定期改变运动计划,提供健康运动方案,以获得最新、最有效的运动干预,加强对疾病风险因素的认识和关注,及时控制健康危险因素。

为慢性病人群提供健康咨询、健康指导,以及设定健康运动计划,可以有效提高其运动水平,降低疾病风险,并进行动态的跟踪、监控和指导。有研究表明危害人们身体健康的主要是慢性非传染性疾病。《中国慢性病报告》显示,我国超重和肥胖人群近3亿,血脂异常患者达到1.6亿,慢性病患者近2.8亿,并且慢性病导致的死亡占总死亡的比例呈持续上升趋势。危害中老年健康和生命的主要疾病有糖尿病、心血管疾病等慢性非传染性疾病,这些疾病的致残率和致死率都非常高。中国亚健康人群占到总人口的48%,而20～45岁之间的上班族正是心理疲惫和处在亚健康状态的多发人群。因此,要早发现、早治疗、早控制(通过运动干预和药物治疗),这样在促进健康的同时,也可大大减少医疗支出。

参考文献

[1]王力,王丽辉.健康、健康管理、健康管理师及中国健康管理的发展前景[J].中国疗养
医学,2011,20(12):1065-1067.DOI:10.13517/j.cnki.ccm.2011.12.006.

[2]李帅伟.基于终身体育理念的大学生运动健康管理系统构建[D].银川:宁夏大学,
2021.DOI:10.27257/d.cnki.gnxhc.2021.001091.

[3]赵辉.对体育专业学生进社区开展社会体育指导的可行性研究[J].当代体育科技,

2012,2(22):45,47.DOI:10.16655/j.cnki.2095-2813.2012.22.029.

[4]于飞,刘照涌.浅谈运动健康管理[J].黑龙江生态工程职业学院学报,2013,26(2):141-142.

[5]盛立萍,顾华康,宋家卫,等.健康管理[J].职业与健康,2011,27(10):1176-1178.DOI:10.13329/j.cnki.zyyjk.2011.10.016.

[6]王宁.我国公共运动健康管理服务模式与机制研究[J].沈阳体育学院学报,2015,34(5):59-62,86.

[7]赵书盈,张钧.运动与慢性病的健康管理[J].中国疗养医学,2010,19(4):325-327.DOI:10.13517/j.cnki.ccm.2010.04.059.

[8]王乐.浅谈现代生活方式与运动"健康管理"[J].周口师范学院学报,2010,27(2):147-149.DOI:10.13450/j.cnki.jzknu.2010.02.041.

[9]王颖.运动健康管理对社区超重老年人体质健康水平影响的研究[D].上海:上海师范大学,2019.

[10]王嵛.运动健康管理商业模式构建研究[D].石家庄:河北师范大学,2018.

[11]张小沛.健康老龄化背景下社区运动健康中心服务现状及对策研究:以上海市8个中心为例[D].上海:上海体育学院,2020.DOI:10.27315/d.cnki.gstyx.2020.000482.

第二章　制订社区运动健康管理方案的科学依据

第一节　社区运动前健康筛查

一、社区运动前健康筛查的目的

2016年中共中央、国务院印发的《"健康中国2030"规划纲要》强调,要加强体医融合和非医疗健康干预,推动形成体医融合的疾病管理与健康服务模式,发挥全民科学健身在健康促进、慢性病预防和康复等方面的积极作用。近年来,随着经济的发展,人民的生活质量得到了改善,但是由于生活方式的问题,出现了一些严重的慢性疾病。大量试验表明,定期的身体锻炼可以降低心脏病的发病率。定期的体育锻炼虽然对身体健康有益,但也有可能导致心源性猝死和心肌梗死等严重的心血管事件,以及与运动有关的骨骼、肌肉、关节的损害,特别是那些已经确诊或者有潜在心血管病变的人,如果进行高强度的运动,那么他们发生这些心血管事件的危险就会大大增加。

如何有效地进行运动是当今社会的一大难题。与学校、医院相比,社区是一个综合性大型活动场所,在社区中进行体育运动活动的人群,包括亚健康、慢性病康复等人群,由于身体素质不同,其运动损伤的概率也各不相同。

在进行体育锻炼之前,做好健康筛查是一项很重要的工作,这不仅关系到体育健身的可操作性,还能让体育锻炼的收益最大化,降低风险。通过对不同人群进行健康筛查,可以掌握不同人群的基本健康状况和锻炼状态,提高其运动的安全性,并为制订运动处方奠定基础。

二、社区运动前健康筛查工具

社区运动前健康筛查范围包括已知疾病、症状/症状提示疾病和心血管风险因素。研究应以人的生活习惯、运动行为习惯、身体健康状况及静息心血管功能等指标为依据,在监测下进行运动功能负荷试验。根据获得的健康检查数据,将个体分为低、中、高危3种类别。根据风险分类,提供参与运动前需要进行体检、医疗评估和/或运动测试的建议。其中第一步是让人们填写相关表格(也称健康评估)。常用的健康筛查工具有两种:健康状况问卷(见附录一)和运动前健康筛查问卷(见附录二)。健康筛查工具收集到的信息对于辨识风险因素、风险分级以及选择合适的测试和运动方式十分有帮助。

健身指导员可以有无运动习惯和有无心血管、代谢或肾脏疾病及其症状和体征为依据将体育锻炼者分为6类（无运动习惯、无病史、无症状；无运动习惯、有病史、无症状；无运动习惯、有症状；有运动习惯、无病史、无症状；有运动习惯、有病史、无症状；有运动习惯、有症状）以及低、中、高危3类。

无规律运动习惯：

1. 无心血管、代谢或肾脏疾病，且无相关症状或体征的人群医学筛查不必要，推荐低到中等强度运动，可根据《ACSM运动测试与运动处方指南（第十版）》（以下简称《ACSM指南》）逐渐进阶到较大强度运动。

2. 确诊过心血管、代谢或肾脏疾病，但无症状的人群推荐医学筛查，医学筛查后，推荐低到中等强度运动的，可根据《ACSM指南》在可以耐受时逐渐进阶到较大强度运动。

3. 有任何心血管、代谢或肾脏疾病相关症状或体征（不考虑疾病状况）的人群推荐医学筛查，医学筛查后，推荐低到中等强度运动的，可根据《ACSM指南》在可以耐受时逐渐进阶到较大强度运动。

评判标准：

1. 锻炼习惯：坚持3天/周、30分钟/天、中等强度、系统性的体育锻炼，坚持3个月以上。

2. 心血管疾病：心脏、外周血管或脑血管疾病。

3. 代谢紊乱：1、2型糖尿病。

4. 症状及体征：在安静或活跃的时候，包括：胸、颈、下巴、手臂或其他部位的疼痛，在静息或轻微的压力下，呼吸困难，头昏或晕，睡眠呼吸或夜间阵发性呼吸困难，足踝水肿，心悸或心跳过速，间歇性跛步，诊断为心脏杂音，在日常锻炼中表现为异常的疲惫或呼吸困难。

5. 医学检查：健康管理专业机构提供运动许可证明。

6. 低强度运动：30% ~ 39%HRR（Heart Rate Reserve，最大心率储备）或VO2R（储备摄氧量）；2 ~ 2.9METs（Metabolic Equivalent of Energy，代谢当量），RPE（Ratings of Perceived Exertion，自主感觉劳累分级表）9 ~ 11，HR（Heart Rate，心率）和呼吸略加快。

7. 中等强度运动：40% ~ 59%HRR或VO2R；3 ~ 5.9METs，RPE12 ~ 13，HR和呼吸明显加快。

8. 较大强度运动：60%HRR或VO2R；≥6METs，RPE≥14，HR和呼吸显著加快。

有规律运动习惯：

1. 无心血管、代谢或肾脏疾病，且无相关症状或体征的人群医学筛查不必要，继续中等或较大强度运动的，可根据《ACSM指南》逐渐进阶。

2. 确诊过心血管、代谢或肾脏疾病，但无症状的人群，进行中等强度运动前医学筛查不必要，开始进行较大强度运动前推荐医学筛查（最近12个月内无症状/体征改变），继续中等强度运动的，可根据医学筛查结果和《ACSM指南》，在可以耐受时逐渐进阶。

3. 有任何心血管、代谢或肾脏疾病相关症状或体征(不考虑疾病状况)的人群,继续运动前应进行医学筛查,根据医学筛查结果,继续运动的,可根据《ACSM指南》在可以耐受时逐渐进阶。

评判标准:

1. 锻炼习惯:坚持3天/周、30分钟/天、中等强度、系统性的体育锻炼,坚持3个月以上。

2. 心血管疾病:心脏、外周血管或脑血管疾病。

3. 代谢紊乱:1、2型糖尿病。

4. 症状及体征:在安静或活跃的时候,包括:胸、颈、下巴、手臂或其他部位的疼痛,在静息或轻微的压力下,呼吸困难,头昏或晕,睡眠呼吸或夜间阵发性呼吸困难,足踝水肿,心悸或心跳过速,间歇性跛步,诊断为心脏杂音,在日常锻炼中表现为异常的疲惫或呼吸困难。

5. 医学检查:健康管理专业机构提供运动许可证明。

6. 低强度运动:30%~39%HRR或VO2R;2~2.9METs,RPE9~11,HR和呼吸略加快。

7. 中等强度运动:40%~59%HRR或VO2R;3~5.9METs,RPE12~13,HR和呼吸明显加快。

8. 较大强度运动:≥60%HRR或VO2R;≥6METs,RPE≥14,HR和呼吸显著加快。

三、体适能训练评估

体适能训练评估包括以下几个方面:①受试者知情及同意运动前健康筛查;②运动前评估;③安静状态下各项指标测量;④围度和身体成分分析;⑤心肺耐力测试;⑥肌肉适能测试;⑦灵活性测试。还可以增加其他的评估内容,但应将体适能评估的所有项目安排在同一天内完成。测试数据应由高级运动专家解读后呈递给受试者。这些信息的核心是便于受试者了解自身体适能状况,并为制订短期和长期目标提供数据支持,以及为后续评估提供参考依据。对某些个体而言,健康相关体适能测试的风险可能会超过其潜在获益,某些测试(如身体成分)的风险较低,而其他测试的风险略高。对于这些个体,在测试前进行风险获益评估十分重要。运动测试前应按照问卷所述方式仔细询问病史,鉴别出潜在的禁忌证并增加健康相关体适能测试的安全性。

第二节　社区居民体适能测试与评价

一、体适能概述

体适能是从体育学角度评价健康的一个综合指标。体适能是指机体有效与高效执行自身机能的能力,也是机体适应环境(包括自然环境和心理环境)的一种能力。体适能是众多参数的综合,包括与健康相关的(Health-related)、与技能相关的(Skill-related)以及与代谢相关的(Metabolic-related)多个参数,它直接与整体生活质量相关。应当说,体适能更多的是从人体机能和技能角度考察机体的健康,是个体健康的综合评价。体适能同个人高效的工作能力、享受闲暇、健康状态、预防运动不足性疾病以及应付紧急情况的能力等紧密相关。

二、社区居民体适能测试内容

(一)呼吸循环系统机能

呼吸循环系统机能是指心肺功能水平(心脏、血管与呼吸系统协同工作的能力),直接影响肌肉利用能量长时间工作的能力。良好的呼吸循环系统机能不仅能保证机体长时间有效地工作,同时也能保证机体工作后快速清除疲劳和有效地恢复机能。

对社区居民可采用台阶试验结果和肺活量体重指数作为评价心肺功能的指标。

(二)身体成分

身体成分指肌肉、脂肪、骨骼及机体其他组成成分的相对百分比。其中体脂是评价身体成分的主要指标,适当的体脂百分比是理想的体适能的一个重要指标。

(三)肌肉骨骼系统

1. 肌肉耐力

即肌肉重复工作的能力。肌肉耐力强的人可以长时间工作而不易疲劳。

2. 肌肉力量

即机体依靠肌肉收缩克服和对抗阻力来完成运动的能力。

3. 柔韧性

关节活动范围的大小,受肌肉长度、关节结构及其他因素影响。柔韧性与体适能因素一起从不同角度反映了机体的健康状况,与防止运动不足性疾病的发生更是直接相关。

(四)体适能与竞技运动能力相关的素质

1. 灵敏性

即在空间迅速、准确地改变体位,转换动作和各种随机应变的能力。如滑雪与摔跤就需要非凡的灵敏能力。

2. 平衡性

即人体在静态或动态中保持身体平衡的能力。如滑冰、平衡木运动需要高超的平衡能力。

3. 协调性

即在神经系统和运动系统的调节整合下，人体在运动中流畅、准确、协调地完成动作的能力。

三、社区居民体适能测试方法

（一）心脏功能

台阶试验是世界各国广为使用的运动负荷评定试验，它是以定量负荷后心率恢复为依据来评价心血管功能的简易测量方法。其机理可能与登阶后肌肉从运动到静息状态，肌梭感受器失去刺激，传入神经向中枢传递的信息减弱有关，此时大脑指令心脏减弱工作，表现为心律徐缓。心脏 FC（Functional Capacity，功能能力）值的推测方法是：采用两次台阶试验法，分别用 14cm 和 28cm（女高度台阶）、28cm 和 45cm（男高度台阶），各以 30次/分钟的频率上下台阶 3 分钟（中间休息 3～5 分钟），直接测得登阶后即刻 10 秒心率，再按以下公式计算出两次上下台阶负荷强度的代谢当量的数值，进而推算出心脏 FC 值：

MET=台阶高度（m）×登阶频率（次/分）×0.684+登阶频率/10

（二）体脂百分比的测试方法

用皮褶厚度计测定肱三头肌和肩胛下角两处的皮褶，将测定结果代入以下公式：
体脂百分比=（4.570/身体密度−4.142）×100

（三）肌力的测定方法

采用哑铃臂屈伸的方法，男女分别用 5 公斤和 3 公斤重量进行测试，记取 30 秒的屈伸次数。

（四）坐位体前屈的测试方法

采用国家体育运动委员会监制的坐位体前屈测量计测试，受试者坐在平坦垫物上，两腿伸直，踝关节成 90°，身体前倾，两臂前伸，用两手指尖推动标尺上的游标，记取距离（cm）。

四、体适能评价

体适能是以体适能商的高低进行评价的。体适能商是健康体适能和技能体适能的综合反映，体适能商的得分是两者之和，即健康体适能和技能体适能各占 50% 为得分依据，其中身体成分、肌肉力量和肌肉耐力、心肺耐力及柔软素质共占 50 分，灵敏、平衡、协调、速度、爆发力和反应时间共占 50 分。体适能商越高就代表身体的机能越好。研究表明，体适能商高的人比体适能商低的人寿命更长，体适能商高的人死亡率还不到体适能商低的人的一半，并且前者人群中伴有高血压、高甘油三酯或糖尿病等心血管疾病的危险因素的概率也会少很多。

结合健康体适能操作定义，其评价体系应从躯体（生理）、心理、社会维度进行评价指标的递选，建立健康体适能多维评价体系。

（一）躯体（生理）健康体适能评价指标

躯体（生理）健康体适能是健康体适能评价的重要部分，是保障机体以愉快的状态进行日常学习、工作、生活所需要的基本身体素质能力。

目前，国内外有关躯体（生理）健康体适能评价，多数是通过建立多级别、多样化指标进行身体素质能力的评估，进而推断健康体适能状况。在躯体（生理）健康体适能评价中，常涉及的一级指标包括心肺耐力、身体成分、肌肉力量和肌肉耐力及柔韧性，也有学者在此基础上增设平衡能力指标作为评价维度之一。在所选定的一级指标之下设置多个二级指标，二级指标的选取根据人群性别、年龄等特征的不同而不同，主要包括快步走（跑）、身体质量指数（Body Mass Index，BMI）、坐位体前屈、握力等。克科姆（Kirkham）等选取身体成分、心肺耐力、肌肉力量和肌肉耐力、灵活性、平衡性等5个一级指标，并下设跑步机测试、握力测定法、坐姿测验等多个二级指标来评价社区癌症康复患者的健康体适能状况。加西亚（Garcia）等通过坐位体前屈、立定跳远、往返跑等二级指标来进行肥胖儿童的躯体（生理）健康体适能的测量与评价。国内有关躯体（生理）健康体适能评价体系的构建也取得了一定成果。刘功聚选取身体成分、心肺耐力、柔韧性等4个一级指标及腰臀比、台阶试验指数、坐位体前屈等12个二级指标，构建了18～59岁国民健康体适能评价指标体系，并研制软件系统，尝试实现健康体适能的在线测评。王红雨针对70岁以上高龄老人制订了一套健康体适能评测体系，该体系包括平衡能力在内的5个一级指标及BMI、握力、2分钟原地踏步、座椅体前屈等16个二级指标，并采用百分位数法对健康体适能状态进行划分与评级。

躯体（生理）健康体适能评价指标的遴选重点逐步由运动相关指标向健康相关指标转变，这是众多研究的共性所在。但是，躯体（生理）健康体适能评价指标的构建目前尚未达成共识，是否将平衡能力指标纳入评价体系仍需进一步探索。

（二）心理健康体适能评价指标

心理健康体适能是健康体适能评价的一个重要方面，目前学界尚未对其定义达成共识。笔者认为，心理健康体适能是保持积极有效的心理活动、平衡正常的心理状态，对不断变化的环境有良好的适应能力，对工作、生活中的挫折和挑战有良好的心理调适能力。心理健康体适能不仅要求个体未罹患心理疾病，还强调拥有积极的心理状态。

与躯体（生理）健康体适能的定量化评估不同，目前国内外对于心理状态的评价多采用量表法进行。心理健康与心理健康体适能是两个相近的概念，国际上常用的心理健康评价量表有症状自评量表、焦虑自评量表等。这些量表设定情绪、行为、人际关系等不同维度，每一维度均采用相关条目进行测评，并且按照等级评分标准，对一些反向积分进行转换处理后加总得到分数,根据得分状况判断心理健康状态。梅里诺(Merino)等通过心理健康研究归纳总结出自主性、好奇心、创造力等11个影响心理健康的要素,并指出各要素之间存在相互联系,形成了一个积极心理功能的二阶结构。国内对心理健康的研究也越来越重视,并且形成了一些本土化的心理健康评价量表,如自测健康评定量表、老年精神状况量表等。自测健康评定量表采取模拟线性方式进行量化打分,对与心理健康有关的定性化指标进行了较好的量化处理,可为后续心理健康体适能评价量表的制订提供一定参考依据。除量表的编制外,高红在国民个人健康评价指标体系的构建中也选取了心理耐受力(Psychological Endurance)、心理自控力(Self-control))及心理自信心(Self-confidence)等9个指标作为心理健康的判断标准。

目前心理健康体适能缺乏统一的定义内涵及系统的评价指标体系,其与心理健康的联系与区别还需进一步论证。后续研究可对心理健康评价指标进行合理修正,建立与健康体适能相契合的心理健康体适能评价指标体系。

(三)社会健康体适能评价指标

社会健康体适能与社会适应性概念相似,是指人们适应社会所需要的心理素质,也是判断个体是否达到了与其年龄和文化群体相适应的期望和社会责任及其程度的标准。个体社会健康体适能的好坏取决于主体、环境及两者之间的关系是否协调统一,包括主体之间的人际交往,环境对主体的制约性,以及主体和环境之间的共生演化。

适应行为量表、社会适应自评量表及文兰社会成熟量表是国际上公认的高权威社会适应性评价量表。人际适应、生活适应、情绪适应及沟通适应维度是评价指标的共性所在。

参考文献

[1]张蕾,李谐."健康中国"背景下国民体质发展对策研究:政府构建科学健身体系的探索[J].武术研究,2020,5(5):130-132.DOI:10.13293/j.cnki.wskx.008384.

[2]王正珍.运动处方的研究与应用进展[J].体育学研究,2021,35(3):40-49.DOI:10.15877/j.cnki.nsic.20210601.001.

[3]罗曦娟,王正珍,李新,等.美国运动医学会运动风险筛查的演变和发展[J].中国运动医学杂志,2020,39(5):413-418.DOI:10.16038/j.1000-6710.2020.05.014.

[4]BRUBAKER P H,罗曦娟,BOLTJA C,等.生活方式干预对心血管疾病危险因素的影响:美国HELPS项目成果[J].北京体育大学学报,2017,40(6):48-53.DOI:10.19582/j.cnki.11-3785/g8.2017.06.007.

[5]罗曦娟,张献博,徐峻华.运动是良医应用实例:美国糖尿病预防项目及其应用[J].北京体育大学学报,2016,39(8):59-65,73.DOI:10.19582/j.cnki.11-3785/g8.2016.08.010.

[6]美国运动医学学会.ACSM运动测试与运动处方指南(第十版)[M].王正珍,等,译.北京:北京体育大学出版社,2019.

[7]李际强,白晓辉,蔡倩,等.肺康复运动处方指南解读(ATS/ERS、BTS、ACSM及AACVPR)[J].临床肺科杂志,2020,25(1):151-154.

[8]李婷,曾钦梅,亢佩,等.体适能评价在现代社会应用简析[J].医学信息,2019,32(5):6-7.

[9]蒋丽洁,黄晨,薛允莲,等.健康体适能的评价指标体系和影响因素的研究进展[J].重庆医学,2019,48(12):2102-2106.

[10]苏国英,孟明亮.山西省女大学生健康体适能水平测试与评价[J].中北大学学报(社会科学版),2011,27(6):109-112.

[11]冯舒楠,周恩明.青少年体适能评价指标与方法现状及对策[J].冰雪体育创新研究,2022(11):164-166.

[12]何瑞乾,贾娜,张翠,等.北京社区居民体适能简易筛查的初步探索[J].中国医学前沿杂志(电子版),2022,14(3):38-43.

[13]胡奎娟."健康中国"视域下健康体适能社区服务模式应用研究[J].体育科技文献通报,2019,27(1):114-116.DOI:10.19379/j.cnki.issn.1005-0256.2019.01.050.

第三章　社区运动健康管理与营养

食物摄入量和身体活动量是保持能量平衡、维持健康体重的两个关键因素。长期能量摄入量大于能量消耗量可导致体重增加,甚至造成超重或肥胖;反之则导致体重过轻或消瘦。体重过重和过轻都是不健康的表现,让人易患多种疾病,缩短寿命。因此,社区居民的运动健康管理中,膳食干预是非常重要的管理手段之一。

第一节　膳食营养参考

一、人群的营养需要

(一)合理营养

合理营养(Rational Nutrition)是指人体每天从食物中摄入的能量和各种营养素的数量及其相互间的比例,能满足在不同生理阶段、不同劳动环境及不同劳动强度下的需要,并使机体处于良好的健康状态。因为各种不同的营养素在机体代谢过程中均有其独特的功能,一般不能互相替代,所以营养素的种类应该齐全;同时,在数量上要充足,能满足机体对各种营养素及能量的需要;此外,各种营养素彼此间有着密切的联系,起着相辅相成的作用,因而,各种营养素之间还要有一个适宜的比例。

(二)营养不良

营养不良(Malnutrition)是指由于一种或一种以上营养素的缺乏或过剩所造成的机体健康异常或疾病状态。营养不良包括营养缺乏(Mutrition Deficiency)和营养过剩(Mutrition Excess)。

(三)膳食营养素参考摄入量

膳食营养素参考摄入量(Dietary Reference Intakes,DRIs)是为了保证人体合理摄入营养素,避免缺乏和过量,在推荐膳食营养素供给量(Recommended Dietary Allowance,RDA)的基础上发展起来的每日平均膳食营养素摄入量的一组参考值。制订RDA的目的是预防营养缺乏病。2000年制订的DRIs把RDA的单一概念发展为包括平均需要量(Estimated Average Requirement,EAR)、推荐摄入量(Recommended Nutrient Intake,RNI)、适宜摄入量(Adequate Intake,AI)、可耐受最高摄入量(Tolerable Upper Intake Level,UL)在内的一组概念,其目的是预防营养缺乏病和防止营养素摄入过量对健康的危害。2013年版中国营养学会修订的DRIs增加了与慢性非传染性疾病有关的3个参考摄入量:宏量营养素可接受范围(Acceptable Macronutrient Distribution Ranges,AMDR)、预防非传染性慢性病的建议摄入量(Proposed Intakes for Preventing Non-communicable Chronic Diseases,简称PI-NCD或PI)和特定建议值(Specific Proposed Levels,SPL)。

1. EAR

EAR是指某一特定性别、年龄及生理状况群体中的所有个体对某营养素需要量的平均值。按照EAR水平摄入营养素,根据某些指标判断可以满足这一群体中50%个体需要量水平。

EAR是制订RNI的基础,也可用于评价或计划群体的膳食摄入量,或判断个体某营养素摄入量不足的可能性。某些营养素的研究尚缺乏足够的资料,因此并非所有的营养素都已制订出其EAR。

针对人群,EAR可用于评估群体中摄入不足的发生率。针对个体,可检查其摄入不足的可能性。EAR不是计划个体膳食的目标和推荐量,当用EAR评价个体摄入量时,如某个体的摄入量远高于EAR,则此人的摄入量有可能是充足的,如某个体的摄入量远低于EAR,则此个体的摄入量很可能不足。

2. RNI

RNI是指可以满足某一特定性别、年龄及生理状况群体中绝大多数个体需要量的某种营养素摄入水平。长期摄入RNI水平,可以满足机体对该营养素的需要,维持组织中有适当的营养素储备和机体健康。RNI相当于传统意义上的RDA。RNI的主要用途是作为个体每日摄入该营养素的目标值。

如果已知某种营养素的EAR及其标准差,则其RNI值为EAR+两个标准差,即RNI=EAR+2SD;如果资料不充分,不能计算某营养素EAR的标准差时,一般设定EAR的变异系数为10%,RNI定为EAR+20%EAR,即RNI=1.2×EAR。

RNI的主要用途是作为个体每日摄入该营养素的推荐值,是健康个体膳食摄入营养素的目标。RNI在评价个体营养素摄入量方面的作用有限,当某个体的日常摄入量达到或超过RNI水平,则可认为该个体没有摄入不足的危险,但当个体的营养素摄入量低于RNI时,并不一定表明该个体未达到适宜营养状态。

能量需要量(Estimated Energy Requirement,EER)是指能长期保持良好的健康状态、维持良好的体型、机体构成以及理想活动水平的人或人群,达到能量平衡时所需要的膳食能量摄入量。群体的能量推荐摄入量直接等同于该群体的能量EAR,而不是像蛋白质等其他营养素那样等于EAR+2倍标准差。所以能量的推荐摄入量不用RNI表示,而直接使用EER来描述。

3. AI

AI是通过观察或实验获得的健康人群某种营养素的摄入量。当某种营养素的个体需要量研究资料不足而不能计算出EAR,从而无法推算RNI时,可通过设定AI来代替RNI。例如纯母乳喂养的足月产健康婴儿,从出生到6个月,他们的营养素全部来自母乳,故母乳中的营养素含量就是婴儿所需各种营养素的AI。

AI和RNI的相似之处是两者都可以作为目标人群中个体营养素摄入量的目标值,可以满足该群体中几乎所有个体的需要。但值得注意的是,AI的准确性远不如RNI,可能高于RNI,因此,使用AI作为推荐标准时要比使用RNI更加注意。AI主要用作个体的营养素摄入目标,当某群体的营养素平均摄入量达到或超过AI水平,则该群体中摄入不足者的危险性很小。

4. UL

UL是营养素或食物成分的每日摄入量的安全上限,是一个健康人群中几乎所有个体都不会产生毒副作用的最高摄入量。UL的主要用途是检查摄入量过高的可能,避免对机体造成危害。

对一般群体来说,摄入量达到UL水平对几乎所有个体均不致损害健康,但并不表示达到此摄入水平对健康是有益的。对大多数营养素而言,健康个体的摄入量超过RNI或AI水平并不会产生益处,因此UL并不是一个建议的摄入水平。在制订个体和群体膳食时,应使营养素摄入量低于UL,以避免营养素摄入过量可能造成的危害。但UL不能用来评估人群中营养素摄入过多而产生毒副作用的危险性,因为UL对健康人群中最易感的个体也不易造成危害。对许多营养素来说,目前尚缺乏足够的资料来制订它们的UL,但没有UL值并不意味着过多摄入这些营养素没有潜在的危害。

5. AMDR

AMDR是指脂肪、蛋白质和碳水化合物理想的摄入量范围,该范围可以提供这些必需营养素的需要量,并且有利于降低慢性病的发生危险,常用占能量摄入量的百分比表示。其显著的特点之一是具有上限和下限。

6. PI

膳食营养素摄入量过高或过低导致的慢性疾病一般涉及肥胖、糖尿病、高血压、血脂异常、脑卒中、心肌梗死以及某些癌症。PI是以非传染性慢性病的一级预防为目标,提出的必需营养素的每日摄入量。当NCD易感人群某些营养素的摄入量接近或达到PI时,可以降低他们发生NCD的风险。某些营养素的PI可能高于RNI或AI,例如维生素C、钾等;而另一些营养素可能低于AI,例如钠。

7. SPL

SPL是指某些疾病易感人群膳食中某些生物活性成分的摄入量达到或接近这个建议水平时,有利于维护人体健康,专用于营养素以外的其他食物成分而建议的有利于人体健康的每日摄入量。

综上所述,人体每天都需要从膳食中获得一定量的各种必需营养素。如果人体长期摄入某种营养素不足就有发生该营养素缺乏症的危险。当日常摄入量为0时,摄入不足的概率为1.0。当摄入量达到EAR水平时,发生营养素缺乏的概率为0.5。摄入量达到RNI水平时,摄入不足的概率变得很小,也就是绝大多数的个体都没有发生缺乏症的危险。摄入量达到UL水平后,若再继续增加就可能开始出现毒副作用。RNI和UL之间是一个"安全摄入范围"。

8. 个体化营养

一些营养代谢相关基因的多态性可引起营养代谢的改变,导致不同个体对营养素吸收、代谢与利用的差异,并最终引起个体对营养素需要量的不同,所以要提倡个体化营养。国内外一些营养学家为此提出未来制订DRIs时可能更需要考虑个体的遗传差异。

二、膳食结构与膳食指南

膳食结构(Dietary Pattern)是一个国家、地区或个体日常膳食中各类食物的种类、数量及其所占的比例。膳食结构的形成是一个长期的过程,受一个国家或地区人口、农业生产、食品加工、饮食习惯等多因素的影响。理想的膳食结构应该是平衡膳食。平衡膳食是制订膳食指南(Dietary Guidelines,DG)的科学依据和基础。

膳食指南是由政府和科学团体根据营养科学的原则和人体的营养需要,结合当地食物生产供应情况及人群生活实践,专门针对食物选择和身体活动提出的指导意见。

(一)膳食结构

一个国家或地区的膳食结构反映了当地的资源、文化和民族等特征。在没有科学设计和干预的情况下,每一种膳食模式都有着各自的优势或不足。可根据各类食物所能提供的能量及各种营养素的数量和比例来衡量膳食结构的组成是否合理。近30年来,随着经济的高速发展、充足的食物供应和居民生活水平的不断提高,我国城乡居民的膳食结构发生了显著变化。当前我国居民存在3种膳食结构,即偏远地区居民保持了东方膳食结构,经济发达地区(大城市)居民已经是西方经济发达国家膳食结构,其他地区的居民则从原来的东方膳食结构向西方经济发达国家膳食结构过渡,目前我国正处于膳食结构变迁的关键期。尽管我国居民营养缺乏和营养过剩并存,但是目前更应关注的是营养过剩引起的肥胖、心脑血管病、糖尿病、癌症等慢性病迅速增加。正确引导居民改变膳食现状,建立科学合理的膳食结构,是一项紧迫而艰巨的任务。

依据动、植物性食物在膳食构成中的比例,世界上典型的膳食结构主要可分为以下4种类型。

1. 东方膳食结构

该膳食结构以植物性食物为主,动物性食物为辅。大多数发展中国家如印度、巴基斯坦、孟加拉国和非洲一些国家等属此类型。该膳食结构的特点是谷物食物消费量大,动物性食物消费量小,植物性食物提供的能量占总能量的近90%,动物性蛋白质一般少于蛋白质总量的20%。平均每天能量摄入为2000～2400千卡(kcal),蛋白质仅50g左右,脂肪仅 30～40g,膳食纤维充足,来自动物性食物的营养素如铁、钙、维生素 A 的摄入量常会出现不足。这类膳食容易出现蛋白质-热能营养不良,以致体质较弱、健康状况不良、劳动能力降低,但心血管疾病(冠心病、脑卒中)、2 型糖尿病、肿瘤等慢性病的发病率较低。

2. 西方经济发达国家膳食结构

该膳食结构以动物性食物为主,是美国、西欧和北欧诸国的典型膳食结构,属于营养过剩型膳食。该膳食结构的特点是粮谷类食物消费量小,动物性食物及食糖的消费量大。人均每日摄入肉类 300g 左右,食糖甚至高达 100g,奶和奶制品 300g,蛋类 50g。人均日摄入能量高达 3300～3500kcal,蛋白质 100g 以上,脂肪 130～150g,以高能量、高脂肪、高蛋白质、低膳食纤维为主要特点。这种膳食模式容易造成肥胖、高血压、冠心病、糖尿病等营养过剩性慢性病发病率上升。因此,营养专家提出了一些膳食修改建议,如美国农业部专家提出了基于每日 2000kcal 能量的八大类食物膳食结构。

3. 日本膳食结构

该膳食结构是一种动植物食物较为平衡的膳食结构,以日本为代表。该膳食结构的特点是谷类的消费量平均每天 300～400g,动物性食品消费量平均每天 100～150g,其中海产品比例达到 50%,奶类 100g 左右,蛋类、豆类各 50g 左右。能量和脂肪的摄入量低于欧美发达国家、平均每天能量摄入为 2000kcal,蛋白质为 70～80g,动物蛋白质占总蛋白的 50% 左右,脂肪为 50～60g。该膳食模式既保留了东方膳食的特点,又吸取了西方膳食的长处,少油、多海产品,蛋白质、脂肪和碳水化合物的供能比合适,有利于避免营养缺乏病和营养过剩性疾病(心血管疾病、糖尿病和癌症),膳食结构基本合理。

4. 地中海膳食结构

该膳食结构以地中海命名是因为该膳食结构的特点是居住在地中海地区的居民所特有的,意大利、希腊居民的膳食可作为该膳食结构的代表。该膳食结构的特点是:富含植物性食物,包括谷类(每天 350g 左右)、水果、蔬菜、豆类、果仁等;每天食用适量的鱼、禽、少量蛋、奶酪和酸奶;每月食用畜肉(猪、牛和羊肉及其产品)的次数不多,主要的食用油是橄榄油;大部分成年人有饮用葡萄酒的习惯。脂肪提供能量占膳食总能量的 25%～35%,其中饱和脂肪所占比例较低,为 7%～8%;此膳食结构的突出特点是饱和脂肪摄入量低,不饱和脂肪摄入量高,膳食含大量复合碳水化合物,蔬菜、水果摄入量较高。地中海地区居民心脑血管疾病、2 型糖尿病等的发生率低,因此,西方其他国家纷纷参照地中海膳食结构改进自己国家的膳食结构。

(二)中国居民膳食指南

中国居民膳食指南是以营养科学原理为基础,针对当前主要的公共卫生问题,提出的我国居民食物选择和身体活动的指导意见,其目的是实现平衡膳食,满足 DRIs 的要求。

自 1989 年以来,我国已先后发布 4 版居民膳食指南,在不同时期对指导居民通过平衡膳食改变营养健康状况、预防慢性病、增强健康素质发挥了重要作用。《中国居民膳食指南（2022）》是在对近年来我国居民膳食结构和营养健康状况变化进行充分调查的基础上，依据营养科学原理和最新科学证据，结合制止餐饮浪费等有关要求而指定的。《中国居民膳食指南（2022）》由一般人群膳食指南、特定人群膳食指南和中国居民平衡膳食宝塔3个部分组成。

1. 一般人群膳食指南

一般人群膳食指南适用于2岁以上健康人群，结合我国居民的营养问题，提出8条核心推荐条目，明确了平衡膳食、能量平衡、多吃的食物、少吃的食物和限制的食物。一般人群膳食指南的内容包括：（1）食物多样，合理搭配；（2）吃动平衡，健康体重；（3）多吃蔬果、奶类、全谷、大豆；（4）适量吃鱼、禽、蛋、瘦肉；（5）少盐少油，控糖限酒；（6）规律进餐，足量饮水；（7）会烹会选，会看标签；（8）公筷分餐，杜绝浪费。

2. 特定人群膳食指南

特定人群包括孕妇、乳母、婴幼儿、儿童、青少年、老年人和素食人群，根据这些人群的生理特点及营养需要，制订了相应的膳食指南，0～2岁的婴幼儿喂养指南全面地给出了核心推荐和喂养指导，其他特定人群均是在一般人群膳食指南的基础上对其膳食选择提出补充指导。

3. 中国居民平衡膳食宝塔

中国居民平衡膳食宝塔是根据《中国居民膳食指南（2022）》的核心内容和推荐，结合中国居民膳食的实际情况，把平衡膳食的原则转化为各类食物的数量和比例的图形化表示，体现了一个在营养上比较理想的膳食模式。

中国居民平衡膳食宝塔共分5层，各层面积大小不同，体现了5类食物和食物量的多少，其食物量是根据不同能量需要而设计的。该宝塔旁边的文字注释，标明了在能量1600～2400kcal时，一段时间内成人每人每天各类食物摄入量的平均范围。第一层为谷薯类食物，成人每人应摄入谷、薯、杂豆类食物250～400g，其中全谷物（包括杂豆类）50～150g、新鲜薯类50～100g；第二层为蔬菜水果，每人每天应摄入蔬菜300～500g、水果200～350g，深色蔬菜占总体蔬菜摄入量的1/2以上；第三层为鱼、禽、肉、蛋等动物性食物，每天摄入120～200g，其中畜禽肉40～75g、水产品40～75g、鸡蛋1个（50g左右）；第四层为乳类、大豆和坚果，每天应摄入相当于鲜奶300g的乳类及乳制品，大豆和坚果制品摄入量为25～35g，其中坚果每周摄入量为70g左右；第五层为烹调油和盐，每天烹调油不超过25～30g，食盐摄入量不超过6g。

水和身体活动的图示也包含在可视化图形中，强调增加身体活动和足量饮水的重要性。水的需要量主要受年龄、身体活动、环境温度等因素的影响，轻体力活动的成年人每天至少饮水1500～1700ml，在高温或强体力活动的条件下应适当增加饮水量。提倡饮用白开水和茶水，不喝或少喝含糖饮料。鼓励养成天天运动的习惯，坚持每天多做一些消耗能量的活动。推荐成年人每天进行至少相当于快步走6000步的身体活动，每周最好进行150分钟中等强度的运动。

为了更好地理解和传播中国居民膳食指南和平衡膳食的理念,《中国居民膳食指南（2022）》除了修改和完善膳食宝塔,还同时推出两个新的可视化图形,分别是中国居民平衡膳食餐盘和儿童平衡膳食算盘,以便于居民对平衡膳食知识的理解、学习、操作和传播。

第二节　能量的需要与消耗

人体通过摄取食物中的产能营养素(包括碳水化合物、脂肪和蛋白质)来获取能量,以维持机体的各种生理功能和生命活动。人体每日能量消耗主要包括基础代谢、身体活动和食物热效应三方面。机体能量需要量与年龄、性别、生理状态、体重以及身体活动有关;人体能量摄入量与能量消耗量构成的能量平衡(Energy Balance)既受到外环境因素如摄食行为、温度变化、体力活动以及精神压力等因素的影响,也受到内环境因素如细胞因子、受体、激素以及神经-体液系统等的影响。任何原因导致的能量失衡均会引起一系列的健康问题。

一、能量概述

自然界中的能量多以化学能、机械能、热能、电能以及太阳能等形式存在,但人体只能利用来自食物中的碳水化合物、脂肪和蛋白质经生物氧化过程释放的能量(化学能),其中,约一半的能量是以高能磷酸键的形式储存在体内,用以维持机体代谢、呼吸、循环、神经传导以及肌肉收缩等;同时,产能过程中释放的能量用于维持体温。当能量长期摄入不足时,机体将动员组织和细胞中储存的能量以维持生理活动中的能量消耗。当能量摄入量高于需求量时,多余的能量将以脂肪的形式储存在体内。能量过剩与缺乏均会影响人体健康。

(一)能量单位

国际通用的能量单位是焦耳(J)、千焦耳(kJ)或兆焦耳(MJ)。营养学领域常使用的能量单位是卡(cal)和千卡。能量单位换算关系如下:1kJ=0.239kcal,1kcal=4.184kJ。

(二)产能营养素及其能量系数

每克碳水化合物、脂肪和蛋白质在体内氧化分解(或在体外燃烧)时所产生的能量值称为能量系数或食物的热价(Energy Coefficient/Calorific Value)。碳水化合物和脂肪在体内氧化分解所产生的热能与在体外燃烧所产生的热能是相等的,最终产物均为CO_2和H_2O。因此,碳水化合物和脂肪的物理热价和生物热价相等。但蛋白质在体内不能完全氧化,除了H_2O和CO_2外,还会产生一些不能继续被分解利用的含氮化合物(如尿素、尿酸、肌酐和氨),每克蛋白质产生的这些含氮物质在体外继续完全燃烧,还可产生5.44kJ

的能量。如果采用体外测试热量试验推算体内氧化产生的能量值,1g碳水化合物、脂肪和蛋白质在体内氧化时平均产生的能量分别为17.15kJ(4.1kcal)、39.54kJ(9.45kcal)和23.65kJ(5.65kcal)。一般情况下,食物营养素在人体消化道不能全部被吸收,且消化率也不相同。混合膳食中碳水化合物、脂肪和蛋白质的吸收率分别为98%、95%和92%,因此,在实际应用中,将产能营养素产生的能量多少按照如下关系进行换算:1g碳水化合物:17.15kJ×98%=16.81kJ(4kcal);1g脂肪:39.54kJ×95%=37.56kJ(9kcal);1g蛋白质:(23.64−5.44)×92%=16.74kJ/g(4kcal)。

二、人体的能量消耗

成年人的能量消耗主要用于维持基础代谢、身体活动与食物热效应三方面。对孕妇而言,能量消耗还用于胎儿生长发育,母体的子宫、胎盘以及乳房等组织增长等。对于婴幼儿、儿童和青少年,能量消耗还应该包括生长发育所需要的能量。当能量摄入量与能量需求量达到理想的平衡状态时,机体的能量需要等于其能量消耗。

(一)基础代谢

基础代谢(Basal Metabolism)又称基础能量消耗(Basic Energy Expenditure,BEE),是指维持机体最基本的生命活动所需要的能量消耗,占人体总能量消耗的60%~70%。世界卫生组织对基础代谢的定义是人体经过10~12小时空腹和良好的睡眠,清醒仰卧、恒温条件下(一般为22℃~26℃),无任何身体活动和紧张的思维活动,全身肌肉放松时的能量消耗。此时能量消耗仅用于维持体温、呼吸、心脏搏动、血液循环及其他组织器官和细胞的基本生理功能的需要。基础代谢的水平用基础代谢率(Basal Metabolic Rate,BMR)来表示,是指人体处于基础代谢状态下,每小时每千克体重(或每平方米体表面积)的能量消耗,其常用单位为kJ/(kg·h)或kcal/(kg·h)、kJ/(m^2·h)或kcal/(m^2·h)。

基础代谢率在个体间的差异大于个体内的差异,其变异系数约为8%,主要与机体的构成、内分泌和遗传等因素有关。影响人体基础代谢能量消耗的因素包括以下几个方面。

1. 体型与体质

基础代谢与体表面积的大小成正比,体表面积越大,向外环境散热越快,基础代谢能量消耗亦越高。机体组织(包括肌肉、心脏、肝脏、肾脏及脑等)是代谢活跃的组织,其消耗的能量占基础代谢能量消耗的70%~80%,脂肪组织消耗的能量明显低于瘦体组织。因此,同等体重情况下,身高且肌肉发达者的基础代谢能量消耗高于矮胖者。年龄和体表面积相同,男性瘦体组织所占比例一般高于女性,其基础代谢能量消耗比女性高5%~10%。

2. 生理与病理状况

婴幼儿、儿童和青少年生长发育迅速,基础代谢能量消耗相对较高。成年后基础代谢水平随年龄增长不断下降,30岁以后每10年降低约2%,更年期后下降更多,且能量消耗减少。另外,孕妇和乳母的基础代谢能量消耗也较高,主要表现在孕妇的子宫、胎盘、胎儿的发育和体脂储备以及乳母合成与分泌乳汁均需要额外能量的补充。甲状腺素、肾上腺素和去甲肾上腺素等分泌异常、应激状态(发烧、创伤、失眠以及精神心理紧张)时，能量代谢增强，直接或间接影响人体的基础代谢能量消耗。

3. 生活和作业环境

寒冷、大量摄食以及体力过度消耗均可提高基础代谢水平；而禁食、饥饿或少食时，基础代谢能量消耗相应降低。

(二)身体活动

身体活动(Physical Activity)是指任何由骨骼肌收缩引起能量消耗的身体运动，约占人体总能量消耗的 15%~30%，随人体活动量的增加，其能量消耗也将大幅度增加。不同的身体活动水平是导致人体能量需要量不同的主要因素，人体可通过调整身体活动水平来控制能量消耗、保持能量平衡和维持健康。影响身体活动能量消耗的因素包括：①肌肉越发达者，活动时消耗能量越多；②体重越重者，做相同的运动所消耗的能量也越多；③工作越不熟练者，消耗能量就越多。

国际上身体活动强度的通用单位是 MET。身体活动强度一般以 7~9METs 为高强度身体活动，3~6METs 为中等强度身体活动，1.1~2.9METs 为低等强度身体活动。常见的身体活动强度和能量消耗见表 3.2.1。

表 3.2.1　常见的身体活动强度和能量消耗

活动项目		身体活动强度/MET		能量消耗量/(千卡/标准体重·10分钟)	
		<3低强度；3~6中强度；7~9高强度；10~11极高强度		男(以66kg为例)	女(以56kg为例)
家务活动	整理床,站立	低强度	2.0	22.0	18.7
	洗碗,熨烫衣物	低强度	2.3	25.3	21.5
	收拾餐桌,做饭或准备食物	低强度	2.5	27.5	23.3
	擦窗户	低强度	2.8	30.8	26.1
	手洗衣服	中强度	3.3	36.3	30.8
	扫地,拖地,吸尘	中强度	3.5	38.5	32.7
步行	慢速(3km/h)	低强度	2.5	27.5	23.3
	中速(5km/h)	中强度	3.5	38.5	32.7
	快速(5.5~6km/h)	中强度	4.0	44.0	37.3
	很快(7km/h)	中强度	4.5	49.5	42.0

续表

活动项目			身体活动强度/MET		能量消耗量/(千卡/标准体重·10分钟)	
			<3低强度;3~6中强度;7~9高强度;10~11极高强度		男（以66kg为例）	女（以56kg为例）
步行		下楼	中强度	3.0	33.0	28.0
		上楼	高强度	8.0	88.0	74.7
		上下楼	中强度	4.5	49.5	42.0
跑步		走跑结合（慢跑成分不超过10分钟）	中强度	6.0	66.0	56.0
		慢跑，一般	高强度	7.0	77.0	65.3
		8km/h，原地	高强度	8.0	88.0	74.7
		9km/h	极高强度	10.0	110.0	93.3
		跑，上楼	极高强度	15.0	165.0	140.0
自行车		12~16km/h	中强度	4.0	44.0	37.3
		16~19km/h	中强度	6.0	66.0	56.0
球类		保龄球	中强度	3.0	33.0	28.0
		高尔夫球	中强度	5.0	55.0	47.0
		篮球，一般	中强度	6.0	66.0	56.0
		篮球，比赛	高强度	7.0	77.0	65.3
		排球，一般	中强度	3.0	33.0	28.0
		排球，比赛	中强度	4.0	44.0	37.3
		乒乓球	中强度	4.0	44.0	37.3
		台球	低强度	2.5	27.5	23.3
		网球，一般	中强度	5.0	55.0	46.7
		网球，双打	中强度	6.0	66.0	56.0
		网球，单打	高强度	8.0	88.0	74.7
		羽毛球，一般	中强度	4.5	49.5	42.0
		羽毛球，比赛	高强度	7.0	77.0	65.3
		足球，一般	高强度	7.0	77.0	65.3
		足球，比赛	极高强度	10.0	110.0	93.3

续表

活动项目			身体活动强度/MET		能量消耗量/(千卡/标准体重·10分钟)	
			<3低强度;3~6中强度;7~9高强度;10~11极高强度		男（以66kg为例）	女（以56kg为例）
跳绳		慢速	高强度	8.0	88.0	74.7
		中速,一般	极高强度	10.0	110.0	93.3
		快速	极高强度	12.0	132.0	112.0
舞蹈		慢速	中强度	3.0	33.0	28.0
		中速	中强度	4.5	49.5	42.0
		快速	中强度	5.5	60.5	51.3
游泳		踩水,中等用力,一般	中强度	4.0	44.0	37.3
		爬泳(慢),自由泳,仰泳	高强度	8.0	88.0	74.7
		蛙泳,一般速度	极高强度	10.0	110.0	93.3
		爬泳(快),蝶泳	极高强度	11.0	121.0	102.7
其他活动		瑜伽	中强度	4.0	44.0	37.3
		单杠	中强度	5.0	55.0	46.7
		俯卧撑	中强度	4.5	49.5	42.0
		太极拳	中强度	3.5	38.5	32.7
		健身操(轻或中等强度)	中强度	5.0	55.0	46.7
		轮滑旱冰	高强度	7.0	77.0	65.3

摘自：中国营养学会,《中国居民膳食指南(2022)》,北京：人民卫生出版社,2016：345-346。

(三)食物热效应

食物热效应是指人体在摄食过程中所引起的额外能量消耗,是摄食后发生的一系列消化、吸收利用以及营养素及其代谢产物之间相互转化过程中所消耗的能量,又称食物特殊动力作用(Specific Dynamic Action,SDA)。食物热效应的高低与食物营养成分、进食量和进食速度有关。

食物中不同产能营养素的食物热效应不同,其中蛋白质的食物热效应最大,为本身产生能量的20%~30%,而脂肪和碳水化合物分别为0%~5%与5%~10%。导致这种差异的主要原因是:①产能营养素ATP(三磷酸腺苷)最高转化率不同,如脂肪和碳水化合物 ATP 的最高转化率为 38% ~ 40%,蛋白质的为 32% ~ 34%。②产能营养素在体内的代谢形式不同引起能量消耗也不同,如食物脂肪经消化、吸收后转变为体脂肪时,消耗的能量最少,由食物碳水化合物消化、吸收的葡萄糖转变为机体糖原或脂肪时,所消耗的能量较多,而食物蛋白质中的氨基酸合成机体蛋白质或代谢转化为脂肪时,其消耗能量最多。

摄食量越多,能量消耗也越多。进食快者比进食慢者食物热效应高,这主要是由于进食快时中枢神经系统较活跃,激素和酶的分泌速度快且数量多,吸收和储存的速率较高,能量消耗也相对较多。

(四)特殊生理阶段的能量消耗

特殊生理阶段包括孕期、哺乳期和婴幼儿、儿童、青少年等阶段。孕期额外能量消耗的增加主要包括胎儿生长发育和孕妇子宫、乳房与胎盘的发育、母体脂肪的储存以及组织的自身代谢等;哺乳期乳母产生乳汁及乳汁自身含有的能量等也需要额外的能量消耗。婴幼儿、儿童和青少年阶段生长发育额外能量的消耗,主要指机体生长发育中合成新组织所需的能量,如:出生后 1 ~ 3 月龄,能量需要量约占总能量需要量的 35%;2 岁时,约为总能量需要量的 3%;青少年期约为总能量需要量的 1% ~ 2%。

三、人体能量需要量的确定

人群的能量推荐摄入量与其他营养素不同,可以直接等同于该人群的 EAR。确定 EER 时,需要充分考虑性别、年龄、体重、身高、体力活动和生长发育等因素。对于孕妇和乳母而言,EER 还应该包括胎儿组织沉积、泌乳过程的能量需要量。本章节以成人能量需要量的确定为例进行描述。

(一)基础能量消耗计算法

目前,联合国粮食及农业组织、世界卫生组织以及联合国大学联合专家委员会、欧盟等组织或国家(澳大利亚、荷兰、日本以及东南亚国家等)修订的能量推荐摄入量仍然是以估算 BEE 为重要基础,再与身体活动水平(Physical Activity Level,PAL)的乘积来估算成年人 TEE(Total Energy Expenditure,总能量消耗),推算出成人的 EER。

目前,最为公认的推算 BEE 的公式是斯科菲尔德(Schofield)公式(见表 3.2.2)。按照此公式计算的中国人的基础代谢偏高,且我国尚缺乏人群基础代谢的研究数据,因此,中国营养学会建议将 18 ~ 59 岁人群按此公式计算的结果减去 5%,作为该人群的基础代谢能量消耗参考值。

表 3.2.2　按体重计算基础能量消耗的公式

年龄/岁	男		女	
	kcal/d	MJ/d	kcal/d	MJ/d
18～30	15.057W+692.2	0.0629W+2.89	14.818W+486.6	0.0619W+2.03
31～60	11.472W+873.1	0.0479W+3.65	8.126W+845.6	0.0340W+3.53
>60	11.711W+587.7	0.0490W+2.457	9.082W+658.5	0.0379W+2.753

注:W=体重(kg);1kcal=4.18kJ;1000kcal=4.18MJ。

　　人体活动水平或劳动强度直接影响着机体能量需要量。2013 年,中国营养学会专家委员会在制订 DRIs 时,将中国人群成人身体活动强度分为三级,即轻体力活动水平(PAL1.5)、中等体力活动水平(PAL1.75)和重体力活动水平(PAL2.00)(见表 3.2.3),但如果有明显的体育运动或重体力休闲活动者,PAL 增加 0.3。

表 3.2.3　中国营养学会建议的中国成年人身体活动水平分级

活动水平	PAL	生活方式	从事的职业或人群
轻度	1.5	静态生活方式/坐位工作,很少或没有重体力的休闲活动;静态生活方式/坐位工作,有时需走动或站立,但很少有重体力的休闲活动	办公室职员或精密仪器机械师、实验室助理、司机、学生、装配线工人
中度	1.75	主要是站着或走着/工作	家庭主妇、销售人员、服务员、机械师、交易员
重度	2.0(+0.3)	重体力职业工作或重体力休闲活动方式;体育运动量较大或重体力休闲活动次数多且持续时间较长	建筑工人、农民、林业工人、矿工、运动员

注:有明显体育运动量或重体力休闲活动者(每周 4～5 次,每次 30～60 分钟),PAL 增加 0.3。
摘自:中国营养学会,《中国居民膳食营养素参考摄入量(2013 版)》。

　　由于基础代谢率随着年龄增长而降低,所以中国营养学会对 50 岁以上的人群各 PAL 组的基础能量消耗进行了调整,较 18～49 岁人群组 BEE 下调 5%(按照千克体重计),见表 3.2.4。

表 3.2.4 中国 18～79 岁成年人能量需要量

性别	年龄（Y）	体重（kg）	基础能量消耗（BEE）		轻体力活动水平 kcal/d	中体力活动水平 kcal/d	重体力活动水平 kcal/d
			kcal/d	kcal/kg			
男性	18～	66	1500	22.7	2250	2600	3000
	50～	65	1400	21.5	2100	2450	2800
	65～	63	1350	21.4	2050	2350	—
女性	18～	56	1200	21.4	1800	2100	2400
	50～	58	1170	20.1	1750	2050	2350
	65～	55.5	1120	20.1	1700	1950	—

注：“—”表示未制订参考值。
摘自：中国营养学会，《中国居民膳食营养素参考摄入量（2013 版）》。

（二）膳食调查

一般健康者在食物供应充足、体重不发生明显变化时，其能量摄入量基本上可反映出能量需要量。一般情况下，通过 5～7 天的膳食调查，借助《中国食物成分表》和食物成分分析软件等工具计算出平均每日膳食中碳水化合物、脂肪和蛋白质摄入量，结合调查对象的营养状况，间接估算出人群每日的 EER。

第三节　膳食缺乏与过量的危害

目前已知，人体必需营养素有 40 余种，这些营养素均需从食物中获得。近年来研究证据表明，除营养素外，天然存在于蔬菜、水果、坚果、全谷物等食物中的其他膳食成分，如膳食纤维、植物化学物对降低慢性病的发生风险有重要作用。营养素不仅在免疫细胞的发育、代谢和保持最佳功能等方面发挥着关键作用，也可以通过调节肠道微生物维护机体免疫功能，提高机体免疫力。蛋白质是免疫的基础，氨基酸是合成免疫球蛋白等免疫物质不可缺少的营养素，并通过多种途径影响免疫功能，矿物质和维生素能通过刺激免疫细胞增殖和促进抗体形成来维持机体免疫力。人体对各种营养素的需要量各不相同，多的每天需要上百克，少的仅几微克，无论何种营养素，摄入过多或不足，都会对人体健康造成一定的影响。平衡膳食模式是保障人体营养和健康的基本原则，平衡膳食能最大限度地满足人体正常生长发育、免疫力和生理功能需要，满足机体能量和营养素的供给，并降低膳食相关慢性病发生风险。食物多样是平衡膳食的基础，合理搭配是平衡膳食的保障。不同类别食物中含有的营养素及其他有益成分的种类和数量不同。

一、蛋白质摄入不足与过量的危害

蛋白质缺乏在成人和儿童中都有发生,但处于生长阶段的儿童对此更为敏感。据世界卫生组织估计,目前世界上大约有 500 万儿童患蛋白质-热能营养不良,其中有因疾病和营养不当引起的,大多数的根源则是贫穷和饥饿,主要分布在非洲、中美洲、南美洲、中东、东亚和南亚地区。在蛋白质缺乏的国家,居民蛋白质摄入不足,蛋白质的质量在很大程度上决定了儿童的生长情况和成人的健康。蛋白质-热能营养不良有两种:一种称 Kwashiorkor,来自加纳语,指能量摄入基本满足而蛋白质严重不足的儿童营养性疾病,主要表现为腹腿部水肿,虚弱,表情淡漠,生长滞缓,头发变色、变脆和易脱落,易感染其他疾病等;另一种叫 Marasmus,原意为“消瘦”,指蛋白质和能量摄入均严重不足的儿童营养性疾病,患儿消瘦无力,易感染其他疾病而死亡。这两种情况可以单独存在,也可并存。也有人认为此两种营养不良症是 PEM 的两种不同阶段。对成人来说,蛋白质摄入不足,同样可引起体力下降、水肿、抗病力减弱等症状。

蛋白质,尤其是动物性蛋白摄入过多,对人体同样有害。过多的动物性蛋白质的摄入,就必定伴有较多的动物脂肪和胆固醇摄入。此外,蛋白质过多本身也会产生有害影响。正常情况下,人体不储存蛋白质,所以必须将过多的蛋白质脱氨分解,氮则由尿排出体外。这一过程需要大量水分,从而加重了肾脏的负荷,若肾功能已经受损,则危害更大。过多的动物性蛋白的摄入,也会造成含硫氨基酸摄入过多,这样可加速骨骼中钙的丢失,易产生骨质疏松症。最近的研究表明,同型半胱氨酸可能是心脏疾病的危险因素。摄入较多同型半胱氨酸的男性,发生心脏疾患的风险是对照组的 3 倍。摄入蛋白质过多可能与一些癌症有关,尤其是结肠癌、乳腺癌、肾癌、胰腺癌和前列腺癌。

二、脂类物质摄入不足与过量的危害

脂类物质包括脂肪和类脂,都有着重要的生理功能。体内脂肪可以储存和提供能量、保温及润滑、节约蛋白质、维持细胞结构和功能的重要组成部分以及内分泌功能;磷脂具有能量供应、构成细胞膜、乳化剂、改善心血管和神经系统功能;胆固醇更是体内许多重要物质的合成材料。因此,脂类物质摄入不足,将会严重影响机体健康状况。例如,在视觉的发育过程中,缺乏必需脂肪酸会使视力发育受影响。此外,脂肪还是维持皮肤健康的必需营养素,如果缺乏脂肪,皮肤会变得干燥,容易发生湿疹,伤口也不易愈合,必需脂肪酸的缺乏可以引起生长迟缓、生殖障碍、皮肤损伤(出现皮疹)以及肾脏、肝脏、神经和视觉疾病。

脂肪摄入过多,可导致肥胖症、心血管疾病、高血压和某些癌症发病率的升高,因此预防此类疾病发生的重要措施就是降低脂肪的摄入量。中国营养学会推荐成人脂肪摄入量应占总能量的 20% ~ 30%。

三、碳水化合物摄入不足与过量的危害

碳水化合物是人类最经济和最主要的能量来源,通常50%以上膳食能量由碳水化合物提供。碳水化合物是构成机体的重要物质,还有调节血糖、节约蛋白质和抗生酮作用,膳食纤维还具有促进肠道健康的功能。AMDR内碳水化合物和脂肪的饮食与全因死亡风险降低有关,尤其是这些膳食富含蔬菜、水果、坚果、全谷物、豆类、鱼和/或瘦肉及禽类时。一项荟萃分析显示,碳水化合物摄入与死亡率之间呈U形关联,低碳水化合物摄入(<40%)和高碳水化合物摄入(>70%)都比中等摄入量具有更高的死亡风险。这表明碳水化合物的摄入量并非越低越好。膳食中缺乏碳水化合物将导致全身无力、疲乏、血糖含量降低,产生头晕、心悸、脑功能障碍等,严重者会导致低血糖昏迷。当膳食中碳水化合物过多时,就会转化成脂肪贮存于体内,使人过于肥胖而导致各类疾病如高血脂、糖尿病等。

四、矿物质摄入不足与过量的危害

(一)钙

婴幼儿及儿童长期钙缺乏和维生素D不足可导致生长发育迟缓,骨软化、骨骼变形,严重缺乏者可导致佝偻病,出现"O"形或"X"形腿、肋骨串珠、鸡胸等症状。钙摄入不足者易患龋齿,影响牙齿质量。中老年人随年龄增加,骨骼逐渐脱钙,尤其绝经期妇女因雌激素分泌减少,钙丢失加快,易引起骨质疏松症。然而骨质疏松症是一种复杂的退行性疾病,除与钙的摄入有关外,还受到其他因素的影响,目前关于绝经期妇女的大样本人群补充试验以及荟萃分析表明,单纯增加钙的摄入对预防和控制中老年人骨质疏松和骨折的发生作用较小。

过量摄入钙也可能产生不良作用,如高钙血症、高钙尿、血管和软组织钙化、肾结石相对危险性增加等。也有研究表明绝经期妇女大量补充钙剂后,致细胞外钙水平升高,由于雌激素水平降低,对心脑血管的保护性下降,从而增加了绝经期妇女心脑血管疾病的发生风险。

(二)磷

几乎所有的食物均含有磷,所以磷缺乏较少见,只有在一些特殊情况下才会出现。如早产儿仅喂以母乳,乳汁含磷量较低,不能满足早产儿骨磷沉积的需要,可发生磷缺乏,出现佝偻病样骨骼异常。在临床上长期使用大量抗酸药、肾小管重吸收障碍或是禁食者易出现磷的缺乏,严重情况下可发展为低磷酸血症,出现厌食、贫血、肌无力、骨痛、佝偻病和骨软化、全身虚弱、对传染病的易感性增加、感觉异常、共济失调、精神错乱甚至死亡。

细胞外液中磷浓度过高主要是由于肾脏对磷排泄的不足。如在甲状旁腺功能低下,

不能有效地抑制肾小管重吸收磷,或是当肾小球滤过率下降时,肾小管再吸收磷的作用并不相应按比例地下降而导致的体内磷过量。过量的磷在体内可能会对骨组织产生不良影响,还会引起非骨组织的钙化。过量的磷范围内也可引起低血钙症,导致神经兴奋性增强、手足抽搐和惊厥。

(三)镁

饥饿、蛋白质-热能营养不良及长期肠外营养等因素可引起镁的摄入不足,胃肠道感染、肾病及慢性酒精中毒等也可造成机体镁的不足。镁缺乏可引起神经肌肉兴奋性亢进,常见肌肉震颤、手足搐搦、反射亢进、共济失调等临床症状,严重时出现谵妄、精神错乱甚至惊厥、昏迷。机体镁的缺乏引起的镁代谢异常还会对其他电解质及体内酶活性产生影响,如出现低钾血症、低钙血症及心脑血管疾病等。

一般情况下不易发生镁中毒,但肾功能不全者或接受镁剂治疗者,常因体内镁过量而易引起镁中毒。糖尿病酮症者早期因脱水,镁从细胞内溢出到细胞外引起血清镁升高。过量的镁可引起腹泻、恶心、胃肠痉挛等胃肠道反应,重者可出现嗜睡、肌无力、膝腱反射弱、肌麻痹等临床症状。

(四)铁

长期膳食铁供给不足,可引起体内铁缺乏或导致缺铁性贫血,多见于婴幼儿、孕妇及乳母。体内铁缺乏会导致细胞呼吸障碍,从而影响组织器官功能,出现食欲降低。铁缺乏儿童易烦躁,对周围不感兴趣,铁缺乏成人则冷漠呆板。当血红蛋白继续降低,则出现面色苍白、口唇黏膜和眼结膜苍白,有疲劳乏力、头晕、心悸、指甲脆薄、反甲等。铁缺乏青少年身体发育受阻,出现体力下降、注意力与记忆力调节过程障碍,学习能力降低。孕早期缺铁性贫血可导致早产、低出生体重儿及胎儿死亡。铁缺乏可导致免疫功能障碍、嗜中性白细胞对细菌的杀伤能力降低,以及淋巴细胞转化能力下降,还可导致末梢神经障碍,至少25%的多动综合征病人的血铁浓度降低,补铁后症状即消失。

铁过量损伤的主要靶器官是肝脏,可引起肝纤维化和肝细胞瘤。铁过量可以使活性氧基团和自由基的产生过量,这种过氧化能够引起线粒体DNA的损伤,诱发突变,与肝脏、结肠、直肠、肺脏、食管、膀胱等多种器官的肿瘤有关。铁具有催化自由基生成和促进脂质过氧化的作用,当铁过量时会增加心血管疾病的风险。

(五)锌

锌缺乏可影响细胞核酸蛋白的合成、味蕾细胞更新,导致黏膜增生、角化不全、唾液中磷酸酶减少,从而出现食欲减退、异食癖、生长发育停滞等症状。儿童长期缺乏锌可导致侏儒症,成人长期缺锌可导致性功能减退、精子数减少、胎儿畸形、皮肤粗糙、免疫力降低等症状。

盲目过量补锌或食用因镀锌罐头污染的食物和饮料可引起锌过量或锌中毒。过量的锌可干扰铜、铁和其他微量元素的吸收和利用,影响中性粒细胞和巨噬细胞活力,抑制细胞杀伤能力,损害免疫功能。成人一次性摄入2g以上的锌可观察到毒性症状,有发烧、腹泻、恶心、呕吐和嗜睡等临床症状。

五、维生素摄入不足与过量的危害

(一)维生素A

维生素A缺乏最早的症状是暗适应能力下降,进一步发展为夜盲症,严重者可致眼干燥症,甚至失明。儿童维生素A缺乏最重要的临床诊断体征是比奥斑(俗称毕脱氏斑),角膜两侧和结膜外侧因干燥而出现皱褶,角膜上皮堆积,形成大小不等的形状似泡沫的白斑。维生素A缺乏还会引起机体不同组织上皮干燥、增生及角化等。另外,维生素A缺乏时,会出现血红蛋白合成代谢障碍,机体免疫功能低下,在儿童身上还表现为生长发育迟缓。

过量摄入维生素A可引起急性、慢性及致畸毒性。急性毒性产生于一次或多次连续摄入大量的维生素A(成人大于RNI约100倍,儿童大于RNI约20倍),其早期症状为恶心、呕吐、头痛、眩晕、视觉模糊、肌肉失调、婴儿囟门突起。当剂量更大时,可出现嗜睡、厌食、少动、反复呕吐。一旦停止服用,症状会消失。然而,极大剂量(12g,约成人RNI的15000倍)的维生素A可以致命。

(二)维生素D

维生素D缺乏可导致肠道吸收钙、磷减少,肾小管对钙和磷的重吸收减少,影响骨钙化,造成骨骼和牙齿的矿物质异常。婴儿缺乏维生素D将引起佝偻病;成人,尤其是孕妇、乳母和老人,缺乏维生素D可使已成熟的骨骼脱钙而发生骨质软化症和骨质疏松症。

摄入过多的维生素D可能会产生副作用。维生素D的中毒症状包括:食欲缺乏、体重减轻、恶心、呕吐、腹泻、头痛、多尿、烦渴、发热、血清钙磷增高,以至发展成动脉、心肌、肺、肾、气管等软组织转移性钙化和肾结石,严重的维生素D中毒可导致死亡。预防维生素D中毒最有效的方法是避免滥用其膳食补充剂。

(三)维生素E

维生素E缺乏在人类较为少见,但可出现在低体重的早产儿、血β-脂蛋白缺乏症患者等人群身上。缺乏维生素E时,可出现视网膜退行性病变、蜡样质色素积聚、溶血性贫血、肌无力、神经退行性病变、小脑共济失调等。维生素E缺乏引起神经-肌肉退行性变化的机制目前仍不清楚,一种可能的解释是维生素E缺乏引起神经-肌肉组织抗氧化能力减弱,无法抵抗自由基对其的损伤。

在脂溶性维生素中,维生素E的毒性相对较小。但摄入大剂量维生素E(每天摄入0.8~3.2g)有可能出现中毒症状,如肌无力、视觉模糊、复视、恶心、腹泻以及维生素K的吸收和利用障碍。

（四）维生素 B 族

维生素 B1 缺乏症又称脚气病，主要损害神经–血管系统，多发生在以加工精细的米面为主食的人群身上。维生素 B1 一般不会引起过量中毒，只有短时间服用超过 RNI100 倍的剂量时才有可能出现头痛、惊厥和心律失常等。

维生素 B2 缺乏主要的临床表现为眼、口腔和皮肤的炎症反应。一般维生素 B2 不会引起过量中毒。

当烟酸缺乏时，体内辅酶 I 和辅酶 II 合成受阻，导致某些生理氧化过程发生障碍，即出现烟酸缺乏症–癞皮病。其典型症状是皮炎、腹泻和痴呆，即所谓"三 D"症状。过量摄入烟酸的副作用主要表现为皮肤发红、眼部不适、恶心、呕吐、高尿酸血症和糖耐量异常等，长期大量摄入可对肝脏造成损害。

泛酸广泛存在于自然界，一般不易发生缺乏病。泛酸缺乏通常与三大宏量营养素和其他维生素摄入不足伴随发生。泛酸缺乏会导致机体代谢受损，包括脂肪合成减少和能量产生不足。泛酸毒性很低，每日摄入 10 ~ 20g 时，可偶尔引起腹泻和水潴留。

叶酸缺乏时，骨髓内幼红细胞分裂增殖速度减慢，停留在幼红细胞阶段以致成熟受阻，细胞体积增大，核内染色质疏松，形成巨幼红细胞。骨髓中大的、不成熟的红细胞增多。叶酸缺乏同时也引起血红蛋白合成减少，形成巨幼红细胞贫血。病人红细胞发育障碍伴有红细胞和白细胞减少，还可能引起智力退化。叶酸缺乏还可使孕妇先兆子痫和胎盘早剥的发生率增高，胎盘发育不良导致自发性流产。尤其是患有巨幼红细胞贫血的孕妇，易出现胎儿宫内发育迟缓、早产和新生儿低出生体重。孕早期叶酸缺乏可引起胎儿神经管畸形，主要表现为脊柱裂和无脑畸形等中枢神经系统发育异常。膳食中缺乏叶酸会使同型半胱氨酸向胱氨酸转化受阻，从而使血中同型半胱氨酸水平升高，形成高同型半胱氨酸血症。高浓度同型半胱氨酸是动脉硬化和心血管疾病发病的一个独立危险因素。人类患结肠癌、前列腺癌及宫颈癌多与膳食中叶酸的摄入不足有关。大剂量服用叶酸亦可产生副作用，表现为影响锌的吸收而导致锌缺乏，可使胎儿发育迟缓，低出生体重儿增加，干扰抗惊厥药物的作用而诱发病人惊厥，掩盖维生素 B1、B2 缺乏的症状，干扰其诊断。

（五）维生素 C

若体内维生素 C 储存量低于 300mg，则将出现缺乏症状，主要引起坏血病。临床表现如下。

1. 前驱症状

起病缓慢，一般 4 ~ 7 个月。病人多有全身乏力、食欲减退。成人早期还有齿龈肿胀，间或有感染发炎。婴幼儿会出现生长迟缓、烦躁和消化不良。

2. 出血

全身点状出血,起初局限于毛囊周围及齿龈等处,进一步发展可有皮下组织、肌肉、关节和腱鞘等处出血,甚至形成血肿或瘀斑。

3. 牙龈炎

牙龈可见出血、松肿,尤以牙龈尖端最为显著。

4. 骨质疏松

维生素C缺乏会引起胶原蛋白合成障碍,骨有机质形成不良而导致骨质疏松。

维生素C毒性很低。但是一次口服 2～3g 时可能会出现腹泻、腹胀;患有结石的病人,长期过量摄入可能增加尿中草酸盐的排泄,增加尿路结石的危险。

第四节　慢性病人的膳食参考

合理营养是保证机体健康的重要前提之一,营养失衡与一系列营养相关疾病的发生密切相关。随着社会经济的发展与人们生活方式的改变,肥胖及其相关慢性病的发病率逐渐上升,这些营养相关疾病已经成为威胁人类健康的重要公共卫生问题。针对这些常见慢性病人群的营养干预,对慢病患者疾病的预防、治疗和康复有着非常重要的作用。

一、肥胖人群的膳食参考

肥胖是一种由多因素引起的慢性代谢性疾病,是指体内脂肪堆积过多和(或)分布异常并达到危害健康的程度。目前,肥胖在全球范围内快速增长、蔓延。我国改革开放以来,随着居民膳食结构和生活方式的改变,肥胖率也在以惊人的速度增长。肥胖是一种明显的、易发现的、复杂的代谢紊乱,也是一种可影响整个机体正常功能的病理过程。肥胖对健康的危害,首先引起代谢紊乱,继而增加许多慢性疾病的发病风险。因此肥胖的防治不仅要关注体重、体脂的减少,还要兼顾降低相关的健康风险和促进健康。

关于肥胖的营养防治措施,首要的任务是在公众中宣传肥胖对人类健康的危害,指导居民合理膳食。合理膳食既有利于控制体重和减肥,又能保持各营养素之间适宜的比例,从而使人体需要与膳食供应之间建立起平衡的关系,以避免供应不足导致营养不良或供应过量导致肥胖。

(一)控制总能量的摄入

能量摄入大于消耗是肥胖的根本成因,因此对于肥胖的营养防控首先是控制总能量的摄入,即饮食供给的能量必须低于机体实际消耗的能量,使机体造成能量的负平衡,促使机体长期储存的多余脂肪被代谢,直至机体恢复到正常水平。

肥胖的能量供给须尽可能根据肥胖程度来考虑每天供给的最低能量。对于轻度肥胖的成年病人,一般在正常供给能量基础上按照每天少供给能量 125～150kcal 的标准来确定其一日三餐的能量供给,这样每月可以稳步减重0.5~1.0kg;对于中度肥胖者,每天减少150~500kcal的能量供给比较适宜;而对于重度的肥胖者,每天以减少500~1000kcal的能量供给为宜,可以每周减重0.5~1.0kg。对少数极度肥胖者可给予每天低于800kcal的极低能量饮食进行短时间治疗,但需要进行密切的医学监测。对于婴幼儿或儿童出现的轻中度肥胖,考虑到生长发育的需要,可不按照严格的膳食调整方案进行治疗,也不要求绝对限制能量摄入。但对于中重度肥胖儿童,其摄食量应该予以适当限制。

进行能量控制时,一定要循序渐进,逐步降低体重。能量减少过多或过快,不仅会影响身体健康,而且难以坚持,依从性差。一般认为,在6个月内将体重降低5%~15%是可行且有利于维持健康状态的减重目标,对于重度肥胖者来说,体重在6个月内可降低20%。

(二)调整膳食模式和营养素的摄入

在控制总能量摄入的基础上,进一步对膳食模式和各种营养素摄入的比例进行调整,能够促进体重的减少,有效预防肥胖。

1. 调整宏量营养素的构成比和来源

在总能量摄入一定的前提下,宏量营养素之间的比例不同,对机体能量代谢及健康效应也不同。因此,常用的减肥膳食,在限制总能量的基础上,对各种宏量营养素的供能比也有一定的限制。目前比较公认的减肥膳食是高蛋白(供能比占20%~25%)、低脂肪(供能比占20%~30%)、低碳水化合物(供能比占45%~50%)膳食。该膳食不仅可有效减轻体重,改善代谢紊乱,而且可以增加饱腹感,提高依从性,有利于减肥后体重的维持,防止反弹。同时建议多摄入优质蛋白,含嘌呤高的动物内脏应加以限制;脂肪的摄入可选用含单不饱和脂肪酸或多不饱和脂肪酸丰富的食物,少食富含饱和脂肪酸的食物;碳水化合物的摄入应选择谷类食物,多选择粗杂粮,如玉米面、燕麦、莜麦等,严格限制糖、巧克力、含糖饮料等。

2. 保证维生素和矿物质的供应

机体内很多维生素和矿物质都参与了能量和物质代谢的调节,在节食减肥时,保证充足的维生素和矿物质的摄入,不仅有助于减肥,还能改善代谢紊乱。新鲜蔬菜和水果含有丰富的水溶性维生素,如维生素B族和维生素C。新鲜蔬菜和水果含能量很低,营养丰富且饱腹感明显,所以在节食减肥时不宜过分限制。食盐能引起口渴并刺激食欲和增加体重,不利于肥胖治疗,故每天食盐摄入3~6g为宜。

3. 增加膳食纤维的摄入

富含膳食纤维的食物有益于健康,尤其是对肥胖者,因此膳食纤维的摄入可不加严格限制,每天膳食纤维的供给量在25~30g为宜。高膳食纤维食物包括粗粮、蔬菜、水果等。

4. 补充某些植物化学物

异黄酮、皂苷等植物化学物在减肥和治疗代谢综合征方面具有一定的效果,因此可以适当补充这些植物化学物作为辅助减肥的手段。

5. 三餐合理分配及烹调

进食餐次因人而异,通常为三餐,鼓励少食多餐。三餐的食物能量分配可参照早餐27%、午餐49%、晚餐24%的比例进行调整。在分配一日三餐比例时,应体现两点:一是将动物性蛋白和脂肪含量多的食物尽量安排在早餐和午餐吃,晚上以清淡为主,利于消化;二是三餐的能量供应应该午餐>早餐>晚餐。膳食的烹调方法则宜采用蒸、煮、烧等,忌用油煎和炸的方法。

二、糖尿病人群的膳食参考

糖尿病(Diabetes Mellitus,DM)是一组以慢性血葡萄糖(简称血糖)水平增高为特征的代谢性疾病,是由于机体胰岛素分泌缺陷和(或)胰岛素作用缺陷所引起的。胰岛素抵抗(Insulin Resistance,IR)是指胰岛素作用的靶器官对胰岛素作用的敏感性下降,即正常剂量的胰岛素产生低于正常生物学效应的一种状态,被认为是2型糖尿病的发病基础。根据不同病因,糖尿病可分为:①1型糖尿病,因胰腺β细胞破坏,导致胰岛素分泌绝对缺乏所致;②2型糖尿病,可由以IR为主伴胰岛素分泌不足转为以胰岛素分泌不足为主伴IR;③妊娠期糖尿病,一般在妊娠后发生、大部分病人分娩后血糖可恢复正常;④其他类型糖尿病,如某些内分泌病、胰腺疾病、感染、药物及化学制剂引起的。

糖尿病营养治疗的总目标是帮助病人制订营养计划和形成良好的饮食习惯,通过良好的营养供给改进病人的健康状况,减少急性和慢性并发症发生的危险。合理地控制饮食有利于控制糖尿病的病情发展,尤其是轻型病人(空腹血糖≤11.1mmol/L)单纯采用营养治疗即可达到控制血糖的目的。

(一)能量

合理控制总能量摄入是糖尿病营养治疗的首要原则。《中国糖尿病医学营养治疗指南(2013)》建议糖尿病病人应接受个体化能量平衡计划,目标是既达到或维持理想体重,又满足不同情况下的营养需求。对于正常体重的糖尿病病人,能量摄入以维持或略低于理想体重为宜。肥胖者应减少能量摄入,使体重逐渐下降至理想体重5%左右的范围。儿童、孕妇、乳母、营养不良及消瘦者、伴有消耗性疾病而体重低于标准体重者,为适应病人的生理需要可适当增加体重,能量摄入量可适当增加10%~20%。根据病人的体型和理想体重,估计每日能量供给量(见表3.4.1)。

表3.4.1 成年糖尿病病人每日能量供给量

单位:kJ(kcal)/kg

体型	卧床	轻体力活动	中体力活动	重体力活动
消瘦	105~125(25~30)	146(35)	167(40)	188~209(45~50)
正常	84~105(20~25)	120(30)	146(35)	167(40)
肥胖	63(15)	84~105(20~25)	125(30)	146(35)

（二）碳水化合物

糖尿病病人必须摄入一定比例的碳水化合物,供给量以占总能量的 45%～60% 为宜,如碳水化合物的来源为低 GI(血糖生成指数)食物,其供能比可达 60%。碳水化合物摄入不足时,体内需分解脂肪和蛋白质供能,易引起酮症;但碳水化合物过多也会使血糖升高,增加胰岛负担。碳水化合物的摄入量应根据病人个体差异、病情、血糖、糖化血红蛋白和用药情况进行计算并调整至适宜的量。

此外,还应注意食物种类、淀粉类型(直链淀粉和支链淀粉)、烹调方式等对餐后血糖的影响。计算碳水化合物的量及其在食物中的供能比例时,还要考虑食物的 GI 值。某些单糖和双糖,如果糖、蔗糖的血糖指数并不显著高于面包、米饭、马铃薯等复合碳水化合物。因此,碳水化合物的总摄入量较其供应形式更重要。

膳食纤维分为可溶性和不溶性两种。可溶性膳食纤维能吸水膨胀,吸附并延缓碳水化合物在消化道的吸收,使餐后血糖和胰岛素水平降低,还有降低胆固醇的作用。不溶性膳食纤维能促进肠蠕动,加快食物通过肠道,减少吸收,具有间接缓解餐后血糖升高和减肥的作用。建议膳食纤维成人每天摄入量为 25～30g 或 10～14g/1000kcal。

（三）脂肪

长期摄入高脂膳食可损害糖耐量,促进肥胖、高血脂和心血管病的发生。为防止或延缓糖尿病病人的心脑血管并发症,必须限制膳食脂肪摄入量尤其是饱和脂肪酸。脂肪摄入量占总能量较合适的比例为 25%～35%,对超重或肥胖者,脂肪供能比不应超过 30%。烹调用油及食品中所含的脂肪均应计算在内。饱和脂肪酸的比例应小于 10%。虽然多不饱和脂肪酸有降血脂和预防动脉粥样硬化的作用,但由于多不饱和脂肪酸在体内代谢过程中容易氧化而对机体产生不利影响,因此也不宜超过总能量的 10%。而单不饱和脂肪酸则是较理想的脂肪来源,其在花生油及橄榄油中含量丰富,是较好的脂肪来源,宜大于总能量的 12%。胆固醇摄入量应低于 300mg/d。

（四）蛋白质

糖尿病病人机体糖异生作用增强,蛋白质消耗增加,易出现负氮平衡,为维持肌肉的体积和能量消耗的需要,因此应保证蛋白质的摄入量,约占总能量的 15%～20%,其中至少 30% 来自高生物价蛋白质,如乳、蛋、瘦肉及大豆制品。但长期高蛋白饮食对糖尿病病人并无益处,对于已患糖尿病肾病的病人,应根据肾功能损害程度限制蛋白质摄入量,一般为 0.6～0.8g/(kg·d)。

（五）维生素和矿物质

糖尿病病人因主食和水果摄入量受限制,且体内物质代谢相对旺盛,较易发生维生素和矿物质缺乏。调节维生素和矿物质的平衡,有利于纠正糖尿病病人代谢紊乱,防治并发症。因此，供给足够的维生素也是糖尿病营养治疗的原则之一，其中比较重要的有维生素 C、维生素 E、β-胡萝卜素、部分维生素 B 族等。

锌与胰岛素的合成、分泌、贮存、降解、生物活性及抗原性有关，缺锌时胰腺和 β 细胞内锌浓度下降，胰岛素合成减少；三价铬的复合物在人体内被称作"葡萄糖耐量因子"，有利于改善糖耐量；硒参与谷胱甘肽过氧化物酶的构成，后者可降低机体脂质过氧化反应，有保护心肌细胞、肾小球及视网膜免受氧自由基损伤的作用；锰可改善机体对葡萄糖的耐受性；锂能促进胰岛素的合成和分泌。

（六）饮酒

酒精是高能量食物，且喝酒的同时往往会摄入高油脂的食物，可导致能量摄入过多。酒精吸收和代谢较快，但不能较长时间维持血糖水平，饮酒还可使糖负荷后的胰岛素分泌增加，导致接受胰岛素、降糖药治疗的病人容易发生低血糖。所以，糖尿病病人应避免空腹饮酒。长期饮酒会引起肝功能受损，还可降低脂肪在体内的消耗率。因此，血糖控制不佳的糖尿病病人不应饮酒。对血糖控制良好的病人可适量饮酒，但需严格设计饮食计划。

（七）饮食分配及餐次安排

根据血糖升高时间、用药时间和病情是否稳定等情况，并结合病人的饮食习惯合理分配餐次，至少一日三餐，尽量定时、定量，早、中、晚餐能量按 25%、40%、35% 的比例分配。口服降糖药或注射胰岛素后易出现低血糖的病人，可在 3 次正餐之间加餐 2～3 次。加餐量应从正餐的总量中扣除，做到加餐不加量。在总能量范围内，适当增加餐次有利于改善糖耐量并可预防低血糖。

三、动脉粥样硬化性心脏病人群的膳食参考

动脉粥样硬化是一种炎症性、多阶段的退行性复合型病变。动脉粥样硬化病理变化复杂，主要包括 4 个阶段：动脉血管内膜功能紊乱期、血管内膜脂质条纹期、典型斑块期和斑块破裂期。动脉粥样硬化斑块由脂类、炎性细胞、平滑肌细胞和纤维组织组成，其病理过程是从受累动脉内膜受损开始的，血管内皮损伤是发生动脉粥样硬化的始动因素，粥样斑块的形成是动脉对内膜损伤的反应结果。易损性斑块的破裂是导致急性冠脉综合征以及死亡的主要原因。因此，预防斑块的形成、促进斑块的消退和提高斑块的稳定性是防治动脉粥样硬化的主要策略。

（一）膳食原则

总的膳食原则应在平衡膳食的基础上控制总能量和总脂肪的摄入，限制饮食中饱和脂肪酸和胆固醇含量，保证充足的膳食纤维和多种维生素，补充适量的矿物质和抗氧化营养素。

（二）营养措施

1. 限制总能量摄入，保持理想体重

能量摄入过多是肥胖的重要原因，而肥胖又是动脉粥样硬化的重要危险因素，故应该控制总能量的摄入，保持能量摄入与消耗平衡，适当增加运动，保持理想体重，预防超重与肥胖。对于已经超重者应通过控制能量摄入来减重。

2. 限制脂肪和胆固醇摄入限制

限制总脂肪、饱和脂肪酸、胆固醇和反式脂肪酸的摄入量是防治高胆固醇血症和动脉粥样硬化性心脏病的重要措施。脂肪摄入以占总能量20%～25%为宜。饱和脂肪酸摄入量应少于总能量的10%，根据《中国居民膳食指南（2022）》，反式脂肪酸每天摄入量应不超过2.0g。适当增加单不饱和脂肪酸和多不饱和脂肪酸的摄入。单不饱和脂肪酸摄入量宜不少于总能量的10%，多不饱和脂肪酸摄入量宜占总能量的10%。鱼类富含N-3系列多不饱和脂肪酸，对心血管有保护作用，可适当多吃。少吃富含胆固醇的食物，如猪脑和动物内脏等，但吃鸡蛋时不必弃去蛋黄。高胆固醇血症者应进一步降低饱和脂肪酸摄入量，使其低于总能量的7%，控制胆固醇的摄入量。反式脂肪酸摄入量应低于总能量的1%。

3. 提高植物性蛋白质的摄入，少吃甜食

蛋白质摄入量应占总能量的15%左右。应提高植物性蛋白质的摄入，如大豆及其制品。大豆蛋白富含异黄酮，多吃大豆蛋白有利于调节血脂，从而达到防治动脉粥样硬化的目的。有资料显示每天摄入25g含异黄酮的大豆蛋白，可降低心血管疾病的危险性。碳水化合物应占总能量的60%左右，限制单糖和双糖的摄入，少吃甜食，控制含糖饮料的摄入。

4. 摄入充足的膳食纤维

膳食纤维在肠道与胆汁酸结合，可减少脂类的吸收，从而降低血胆固醇水平。同时，高纤维膳食可降低血胰岛素水平，提高人体胰岛素敏感性，利于脂代谢的调节。因此应提倡多摄入含膳食纤维丰富的食物，如燕麦、玉米、蔬菜等。

5. 保证充足的维生素和微量元素

维生素E和很多水溶性维生素及微量元素具有改善心血管功能的作用，特别是维生素E和维生素C具有抗氧化作用。应多食用新鲜蔬菜和水果。

6. 饮食清淡，少盐限酒

高血压是动脉粥样硬化的重要危险因素，为预防高血压，每天食盐的摄入应限制在6g以下。可少量饮酒，但切勿酗酒。

7. 适当多吃富含植物化学物的食品

植物化学物有利于心血管的健康，鼓励多吃富含植物化学物的食物，如大豆、黑色和绿色食物、洋葱等。

四、高血压人群的膳食参考

高血压是一种以体循环动脉收缩期和(或)舒张期血压持续升高为主要特点的心血管疾病。其发病率高,致死致残率高,属于全球范围内的常见病,也是需要特别关注的重大公共卫生问题。高血压分为原发性(以血压升高为特征,原因不明的独立疾病)和继发性(血压升高系某些疾病的一部分表现)。原发性高血压病因复杂,已知的发病相关因素有遗传、肥胖、胰岛素抵抗、某些营养素的过量或不足、过量饮酒、人口老龄化等。高血压是引起脑卒中、冠心病、心功能衰竭、肾衰竭等的危险因素。

(一)限制钠盐摄入量

我国"第四次居民营养与健康调查"显示,平均每人钠盐摄入量为 12.0g/d,其中 80% 来自烹饪时的调味品和含盐高的腌制品,该量远超过世界卫生组织建议的每人每日低于 6.0g 的水平,与之伴随的是高血压发病率增加。我国新修订的《高血压防治指南》提出,控制食盐摄入量的主要措施包括:①尽可能减少烹调用盐,建议使用可定量的盐勺;②减少味精、酱油等含钠盐的调味品用量;③少食或不食含钠盐量较高的各类加工食品,如咸菜、火腿、香肠以及各类炒货;④肾功能良好者,使用含钾的烹调用盐。

(二)增加钾、钙、镁的摄入量

高血压病人宜多进食含钾丰富的食物。含钾食物种类很多,其中水果蔬菜是最好的来源。每百克含钾量超过 800mg 的食物有赤豆、杏干、蚕豆、扁豆、冬菇、竹笋、紫菜等。中国营养学会提出成人钾的预防非传染性慢性病的建议摄入量为 3600mg/d,提倡多摄入富含钙的食品,如奶和奶制品,以及富含镁的食品,如各种干豆、鲜豆、蘑菇、桂圆、豆芽等。

(三)减少膳食脂肪摄入量,增加优质蛋白质的摄入

脂肪摄入量应控制在总能量的 25% 以下,保持良好的脂肪酸比例,减少饱和脂肪酸的摄入量,控制多不饱和脂肪酸与饱和脂肪酸的比值在 1～1.5。蛋白质占能量的 15% 以上,动物性蛋白质以禽类、鱼类、牛肉等为主,多食大豆蛋白。

(四)高血压治疗膳食

高血压治疗膳食(Dietary Approaches to Stop Hypertension,DASH)由美国国立卫生研究院及美国心脏、肺和血液研究所制订。该膳食特点为富含水果、蔬菜,包括全谷类、家禽、鱼类、坚果,其富含的营养素有钾、镁、钙和蛋白质,而总脂肪、饱和脂肪酸、胆固醇含量较低,富含膳食纤维。有研究发现,DASH 膳食可以使轻度高血压者的收缩压和舒张压均降低,且与单独使用降压药的效果类似。

(五)限制饮酒

限制饮酒可显著降低高血压的发病风险。我国男性长期大量饮酒者较多,所有饮酒者均应控制饮酒量。每日酒精摄入量男性不应超过25g,女性不应超过15g。不提倡高血压病人饮酒,如饮酒,则应少量,白酒、葡萄酒(或米酒)与啤酒的每日饮用量应分别少于50ml、100ml、300ml。

(六)克服不良饮食习惯

克服不良饮食习惯,减少高能量密度食物的摄入,如肥肉、动物油脂、油炸食品、糖、甜点、含糖饮料等。进餐应细嚼慢咽,避免进食过快、暴饮暴食,少吃高能量的零食。

五、痛风人群的膳食参考

痛风是嘌呤代谢紊乱和(或)尿酸排泄障碍所致血尿酸增高的一组异质性疾病。临床特点包括高尿酸血症、痛风性急性关节炎反复发作、痛风石沉积、特征性慢性关节炎和关节畸形等,常累及肾脏引起慢性间质性肾炎和肾尿酸结石的形成。

目前,痛风尚无根治的方法,但控制血尿酸水平可使病情好转。防治方法包括药物缓解和饮食治疗。

(一)控制能量摄入

痛风病人中,大约有50%病人超重或肥胖,应适当减轻体重,总热量摄入应较正常体重者低10%~15%。根据体力活动情况一般以每日每千克体重104.5~125.4kJ(25~30kcal)计算为宜。因乳酸、B-羟丁酸和草酰乙酸等有机酸增加能竞争抑制肾小管尿酸的分泌,使血尿酸水平增高,故减肥者应避免饥饿性酮症的发生及剧烈运动。

(二)低脂肪、低蛋白质饮食

痛风病人约有70%伴有高脂血症。因高脂饮食同样可使尿酸排泄减少,而导致血尿酸增高,故应低脂饮食;应限制每日脂肪的摄入量占总能量的20%~25%。痛风病人应限制蛋白质的摄入量从而控制嘌呤的摄取,可按每千克体重0.8~1.0g计算,宜选择牛奶、鸡蛋及植物蛋白质。

(三)低盐饮食

痛风病人多伴有高血压,故宜采用少盐饮食。食盐摄入过多后尿钠增加,在肾内与尿酸结合为尿酸钠,后者易沉积于肾脏,造成肾脏损害。因此,每天食盐的摄入量不宜超过6g。

（四）增加蔬菜摄入

多选择蔬菜，可增加机体多种微量元素、维生素 B 族、维生素 C、膳食纤维的摄入，促进尿酸盐溶解和排泄。

（五）低嘌呤饮食

高尿酸血症及痛风病人应限制含嘌呤食物的摄入，以便有效地降低血尿酸水平，缓解和控制痛风的急性发作。急性期应严格限制嘌呤在 150mp/d 之内，可选择低嘌呤含量的食物；缓解期可有限制地选用嘌呤含量中等的食物，自由摄取含嘌呤量低的食物。

（六）保证足量饮水

高尿酸血症和痛风病人应多饮水以利于尿酸的排出，这是饮食治疗中较为重要的环节。因尿酸的水溶性较低，肾脏排泄尿酸必须保证有足够的尿量，每日饮水量在 2000ml 以上时可维持一定的尿量促进尿酸排泄，防止尿酸盐的形成和沉积。为防止尿液浓缩，病人可在睡前或半夜适量饮水，确保尿量，有利于预防尿路结石的形成。

（七）限酒

乙醇代谢可使乳酸浓度增高抑制肾脏对尿酸的排泄，同时乙醇促进嘌呤的分解使尿酸增高，故酗酒常为急性痛风发作的诱因，应严格限制饮酒。

（八）其他

以往的研究认为，咖啡和浓茶中所含有的咖啡因能引起交感神经兴奋，导致失眠、心悸、血压上升等不良反应，从而影响高尿酸血症和痛风病人，尤其是伴发高血压、心脑血管疾病病人的健康。但近年的一些研究发现，长期饮用咖啡可以通过降低血清尿酸浓度和增加胰岛素敏感性等多种机制来减少高尿酸血症和痛风的发病风险。因此，高尿酸血症和痛风病人还应根据自身健康情况决定是否饮用咖啡、浓茶以及饮用量。

参考文献

［1］孙长颢.营养与食品卫生学［M］.8 版.北京:人民卫生出版社,2017.

［2］中国营养学会.中国居民膳食营养素参考摄入量（2013 版）［M］.北京:科学出版社, 2014.

［3］中国营养学会,食物与健康:科学证据共识［M］.北京:人民卫生出版社,2016.

［4］中国营养学会.中国居民膳食指南（2022）［M］.北京:人民卫生出版社,2022.

［5］杨月欣,王光亚,潘兴昌.中国食物成分表［M］.2 版.北京:北京大学医学出版社,2009.

［6］杨月欣,葛可佑.中国营养科学全书［M］.北京:人民卫生出版社,2019.

［7］郝玲,李竹.营养流行病学［M］.北京:人民卫生出版社,2006.

［8］焦广宇,蒋卓勤.临床营养学［M］.北京:人民卫生出版社,2010.

［9］荫士安,汪之顼,王茵.现代营养学［M］.北京:人民卫生出版社,2008.

［10］中华医学会糖尿病学分会,中国医师协会营养医师专业委员会.中国糖尿病医学营养治疗指南(2013)［J］.中华糖尿病杂志,2015,7(2):73-88.

［11］刘力生.中国高血压防治指南2010［J］.中国高血压杂志,2011,19(8):701-743.

［12］SEIDELMANN S B,CLAGGETT B, CHENG S, et al. Dietary carbohydrate intake and mortality: a prospective cohort study and meta-analysis［J］. Lancet public health, 2018, 3(9): 419-428.

［13］LU Y, HAJIFATHALIAN K, EZZATI M, et al. Metabolic mediators of the effects of body-massindex, overweight, and obesity on coronaryheart disease and stroke: a pooled analysis of 97 prospective cohorts with 1.8 million participants［J］. Lancet, 2014, 383 (9921): 970-983.

［14］SHARMA V, COLEMAN S, NIXON J, et al. A systematic review and meta-analysis estimating the population prevalence of comorbidities in children and adolescents aged 5 to 18 years［J］. Obes rev, 2019, 20(10): 1341-1349.

第四章　社区健身常见运动及损伤预防

第一节　健身走、慢跑

一、健身走、慢跑概述

(一)健身走

健身走特指依托走路或徒步的行走行为并区别于散步、跑步的一种健身方式,在运动过程中保持心率在100~140(次/分)的中等运动强度、每次运动时间30分钟或以上、每周运动5~7天,利用有规律走的方式进行有利于人体健康的有氧运动的锻炼方式。为了便于明确和突出"走"的健身作用,国家体育总局在2017年发布的《全民健身指南》中的描述使用了"健身走",以示与普通散步的区别,以期通过科学合理的健身流程控制改善体质状况,预防疾病,提高健康水平,调节心理,改善社会适应能力。

(二)慢跑

慢跑,亦称为缓步、缓跑或缓步跑,是一种中等强度的有氧运动,目的在以较慢或中等的节奏来跑完一段相对较长的距离,以达到热身或锻炼的目的。慢跑对于维持和提高体质健康水平具有积极的作用,可以提高机体的下肢力量素质及耐力素质,改善心肺能力,加强对心血管疾病的防御能力。

二、锻炼方式介绍

正确的跑步姿态可以使更多的肌群参与到运动中,也可避免运动带来的损害。
慢跑区别于短距离的竞速跑,二者在形态上有所不同。

(一)头和肩

慢跑过程中,目视前方,颈部勿前倾,头部和肩部保持稳定,左右两边晃动的幅度不要太大,转头看时,上身保持住,不要跟其扭转,以免跌倒。慢跑时不要低头或者仰头,也不可低头玩手机,会增加颈椎的压力,造成脖子酸痛;头部保持水平可缓解颈椎的压力,防止受力错误造成的疲劳损伤。

(二)臂与手

摆臂应是以肩为轴的前后动作,左右动作幅度不超过身体正中线,不要左右横向摆臂,使身体产生晃动,重心不稳,易摔倒。手指、腕与臂保持放松,双手保持虚握拳头的状态,手指轻触手掌,肘关节角度约为90°。

(三)背、腰和腹

腰背直立,不要弯腰驼背或者刻意挺直,也不要后仰,腰部保持自然直立,肌肉稍微紧张,适当地收紧腹部肌群,维持躯干姿势,上半身姿势的稳定性对呼吸和节奏有很大影响。

(四)髋

髋部保持垂直状态,骨盆不要前倾和后移,臀往后倾往往出现"坐着跑",这是错误的动作,易增加肌肉的负担。大腿前摆时积极送髋,跑步时要注意髋部的转动和放松。

(五)大腿与膝

在慢跑中,大腿和膝用力前摆,而不是上抬,大腿的前摆要正,大腿主动,小腿从动,想象双腿像车轮转动,错误的做法是两腿像钟摆摆动。膝盖不宜举得过高,降低高度可以让步伐更高效,也可控制奔跑的速度。慢跑时膝盖保持微曲,落地时可以缓冲。

(六)小腿与跟腱

脚应落在身体前约一尺的位置,靠近正中线。小腿不宜跨得太远,避免跟腱因受力过大而劳损。同时要注意小腿肌肉和跟腱在着地时的缓冲,落地时小腿应积极向后扒地,使身体积极向前。另外,注意控制步幅不要过大,使脚落地在正下方,若小腿延伸落地在体前就说明步幅过大了,步幅过大会导致起脚时脚尖蹬地的力过多,长期会导致小腿前侧胫骨出现疼痛等不适症状。

(七)脚

脚尽可能轻地落在地面,前脚掌先落地,通过足弓快速传导到脚趾和脚后跟。也可全脚掌着地,后脚跟虚着地(2019年基普乔格在伦敦马拉松比赛中全脚掌着地),不要刻意下压脚踝让前脚掌先触地,这样就变成踮着脚尖跑,容易抽筋。

三、常见运动损伤及预防

随着全民健身计划的开展,大众对于健康日益重视,跑步也成为大家最喜爱的运动之一。然而,由于跑步产生的身体损伤也随之而来,成为跑步者最受困扰的问题。

（一）肌肉、肌腱处常见损伤

肌肉痛：肌肉持续发力，易造成肌肉损伤。身体修复损伤时产生的炎症则称为肌肉痛，此损伤容易出现在肌肉拉伸发力的部位。肌肉酸痛，属于运动中的正常生理现象，尤其是长距离慢跑后，很多人会有全身肌肉酸痛的感觉，其症状表现为运动后第2天，一般在锻炼后24小时后出现的肌肉酸痛，在运动医学上称为"延迟性肌肉酸痛症"，伴随炎症的疼痛感。训练过度也会引起肌肉疼痛，这时应该缩短跑步的距离，或考虑先暂停这项运动。

预防与处理：①按摩，即对酸痛局部进行按摩，使肌肉放松，促进肌肉血液循环，有助损伤修复及痉挛缓解。②热敷，即对酸痛的局部肌肉进行热敷，可促进血液循环，提高新陈代谢，加速肌肉酸痛的缓解和恢复，尤其是配合轻微的伸展运动或按摩，能加速消除延迟性肌肉酸痛，因而要做好锻炼时的准备活动和整理活动，以及缩短运动间隔。通过不断训练加速肌肉代谢，恢复也会变快。

（二）肌肉痉挛

跑步时肌肉痉挛多见于小腿，一般叫"抽筋"，也称为"小腿肚抽筋"。出现原因为身体大量出汗、水分摄入量不足、疲劳、睡眠不足。其症状表现为：在通常情况下，脑部发出肌肉收缩的指令，但是由于某种问题出现异常，大脑不断发出肌肉收缩的指令，导致痉挛，肌肉持续几分钟强直状态，并伴有疼痛感。

预防与处理：如果是由于大量出汗引发的痉挛，可以多饮用运动饮料。如果是由于疲劳引发的痉挛，可进行拉伸、冷却按摩。

（三）胫骨内侧应力综合征

田径运动员非常容易被胫骨内侧应力综合征所困扰，疼痛常见于胫骨内侧，其症状表现为钝痛。运动时疼痛消失，运动后疼痛再次出现，症状不规律。如症状继续发展，则转化为持续疼痛。

预防与处理：症状轻时，运动后充分拉伸、冰敷。如症状继续发展，就要长时间休养。症状减轻后也不要掉以轻心，因为容易复发。

（四）关节、韧带处常见损伤

扭伤指由受到外部施加的力大于关节活动度而引起的损伤。扭伤只是日常用语，医学上根据损伤部分有所区分，常见的扭伤多为韧带损伤。其症状表现为：肿痛并发热，严重时关节腔内伴有出血。

预防与处理：为预防扭伤，运动前热身很关键。发生扭伤后，立即进行PRICE疗法[①]

---

① PRICE疗法指保护（Protection）、休息（Rest）、冰敷（Ice）、加压包扎（Compression）以及抬高患处（Elevation）。

处理,防止症状恶化。肿痛严重时应尽早就医。

(五)前十字韧带损伤

前十字韧带连接着股骨与胫骨,具有稳定膝关节的作用。造成前十字韧带损伤的主要原因是突然变换方向、外部施加的强力等。其症状表现为关节内积血,行走困难,有时伴有半月板和膝关节内侧副韧带损伤。

预防与处理:不要自行判断,请专业医师治疗。严重的前十字韧带损伤很难自然痊愈,所以如果想回归训练,必须手术,需要6~12个月才能恢复。

(六)跑步膝

医学用语为髂胫束摩擦综合征。膝盖外侧髂胫束有疼痛感。因田径跑步运动员多患此病,所以俗称"跑步膝"。其症状表现为跑步后出现疼痛感,休息后消失。如症状继续发展,疼痛感将增强,无法控制。

预防与处理:为预防跑步膝,要好好热身。症状出现后,要静养、冰敷来控制炎症。

(七)半月板损伤

膝盖的纤维软骨呈月牙形,半月板损伤发生于膝盖扭转时。其症状表现为轻度损伤时没有特殊症状,如症状继续发展,膝盖中会出现响声,或半月板碎片滑入关节,导致关节弯曲无法活动,形成"交锁"。

预防与处理:如半月板损伤影响正常生活,则无法自然痊愈,需要手术治疗。

(八)疲劳性骨折

骨骼同一部位反复受到外力轻度损伤最终会导致整块骨骼的疲劳性骨折,多见于小腿胫骨和腓骨,脚部的跟骨、舟状骨、跖骨。其症状表现为不会像一般性骨折一样出现皮下出血或大块肿胀,但是运动或按压时有疼痛感。

预防与处理:比起一般性骨折更需要长期治疗,根据症状有时需要手术。

(九)跟腱炎

跟腱炎是指跟腱背侧深筋膜和腱组织之间的滑膜层,以及其结缔组织损伤,造成血液循环障碍,导致腱围及腱组织的损伤性炎症。运动场地不平或过硬,可能造成跟腱炎。扁平足、足弓过高以及后群肌肌力不足也是主要的发病原因。

预防:在鞋跟内加一层软垫,帮助减缓跟腱紧张。

四、纠正性训练方案示例

纠正性训练包括充分的热身和伸展运动。移动性训练对慢跑者十分有益。练习应针对具体活动,并且在本质上应是动态的而非静态的。要增加热身的一些练习,包括:步行后踢臀、弓箭步转体、胸椎旋转、腿部摆动、蚌式等。同时需进行力量训练,力量训练对跑步者来说至关重要。可创建一个循序渐进的计划,以加强腿部肌肉并稳定关节。注意坚持一个重复的范围,以支持肌肉耐力而不是肥大。

柔韧性对人体的作用非常大,在跑步时,柔韧性在强度关系运动中的表现会产生代偿,因此在跑步前后进行拉伸训练十分必要。

动态拉伸练习适合作为跑前的热身训练,可以增加全身活动范围,提高肌组织温度,并降低受伤风险。静态拉伸练习适合作为跑后的拉伸训练,可以增加关节活动范围,实现和保持跑者所需的柔韧性,帮助身体调整好状态。

(一)跑前动态拉伸

深蹲(重复10次),见图4.1.1。

图4.1.1

动作要求:

①自然站立,双手置于头后。②身体逐渐下降到半蹲姿势,膝关节和脚趾对齐,伸展髋、膝和踝关节,并重复完成。

多平面弓步触地(重复10次),见图4.1.2。

图4.1.2

动作要求：

①自然站立，双手放在髋关节两侧。②保持全身各关节力线对齐，向前跨一步，重心下降呈弓步，同时向前伸手。③使用髋部和大腿的肌肉将身体上推，可换对侧腿重复。

单腿下蹲触地（重复10次），见图4.1.3。

图4.1.3

动作要求：

①以最佳姿势单腿站立，抬起的腿和站立腿保持并行。②腹部收紧，缓慢下蹲，屈踝、膝和髋关节，同时对侧的手伸向站立腿的脚趾。③保持收腹的同时臀肌发力，回到起始姿势，可换对侧腿重复。

（二）跑后静态拉伸

腓肠肌静态拉伸（保持30秒），见图4.1.4。

图4.1.4

动作要求:

①面对稳定物体站立,一条腿向后伸,保证膝盖和脚在一条直线上,足跟着地。②后脚平放于地面,后脚足弓不可变平。③屈臂,身体向前倾,靠近墙壁,保持臀肌与股四头肌紧张,足跟不离地。

站姿阔筋膜张肌静态拉伸(保持30秒),见图4.1.5。

图4.1.5

动作要求:

①两腿前后交错站立,前腿略微弯曲,后腿伸直并向外旋转。②收紧臀肌,同时向后旋转骨盆。③慢慢向前移动身体,直到被拉伸侧的髋关节前部达到中等紧张的程度。④保持向侧面弯曲的姿势,向后转身。

跪姿屈髋肌静态拉伸(保持30秒),见图4.1.6。

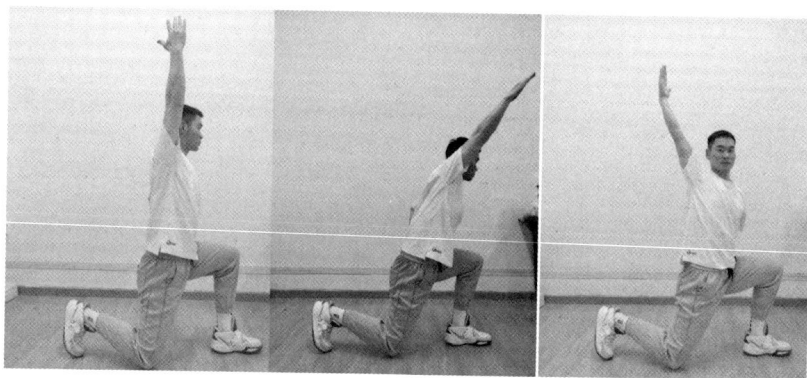

图4.1.6

动作要求:

①前后腿均屈膝呈90°,以腰大肌为拉伸目标,后腿髋关节向内旋转。②收紧被拉伸侧的臀肌,同时向后旋转骨盆。③向前移动身体,直到髋关节前部达到中等紧张的程度。

站姿髋内收肌静态拉伸(保持30秒),见图4.1.7。

图4.1.7

动作要求:

①双腿开立,双脚间距宽于肩。一条腿向后伸展,直到后腿脚趾与另一只脚的脚跟对齐。②肚脐往脊椎方向缩紧,向后旋转骨盆。③缓慢地向一侧移动(侧弓步),直到伸直腹股沟区域感受到拉伸。

第二节　羽毛球

一、羽毛球运动概述

羽毛球运动是集健身、休闲、娱乐以及竞技为一体的全身性的体育运动项目,也是一项深受广大群众喜爱的小球类运动。羽毛球运动需要在场地上不停地进行脚步移动、跳跃、挥拍、转体,合理地运用各种击球动作和步法将球击到对方的场地,从而增加了上、下肢和腰部肌肉的力量,加快了全身的血液循环,可增强心血管系统和呼吸系统的功能。它是全面锻炼身体、增强身体素质以及社会交往的一种良好手段,同时也能培养顽强拼搏的精神和优良的意志品质。羽毛球运动的独特特点及其运动价值,吸引了众多爱好者,在这一运动中人们找到了乐趣,体验到了体育运动的无限魅力及其强身健体的价值。

二、锻炼方式介绍

羽毛球是一项隔网对抗项目,依据参与的人数,可以分为单打与双打。羽毛球技术的提升,需要经过系统的学习以及训练。羽毛球基本技术可分为:击球前准备姿势、握拍、发球、前场技术、中场技术、后场技术和步法。希望大家耐心学习,早日成为羽毛球高手!

（一）击球前准备姿势及握拍

1. 击球前准备姿势

两脚自然开立与肩同宽,持拍手同侧脚稍偏前,重心放在前脚掌上,膝关节微曲,后脚跟稍提起,收腹含胸,注视对方来球。(见图4.2.1)

图 4.2.1

2. 握拍

握拍分为正手握拍和反手握拍。

（1）正手握拍

单手握紧球拍,虎口对着拍柄窄面内侧的小棱边,中指、无名指和小指并拢弯曲,握住拍柄,拇指和食指贴在拍柄的两个宽面上,食指和中指稍分开,中指指甲在大拇指下面,食指和大拇指相对。拍柄末端与近腕部的小鱼际肌齐平。掌心和拍柄之间要留有空隙,握拍时手处于放松状态。(见图4.2.2)

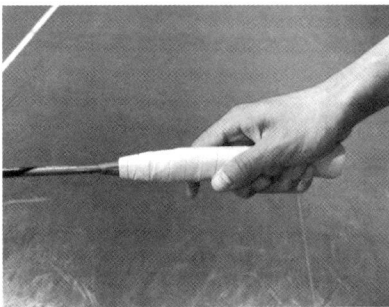

图 4.2.2

（2）反手握拍

在正手握拍的基础上，拇指和食指将拍柄稍向外转，拇指顶点在拍柄内侧的宽面上或内侧棱上，中指、无名指和小指并拢握住拍柄，柄端靠近小指根部，使掌心空隙。球拍斜侧向身体左侧，拍面稍后仰。（见图4.2.3）

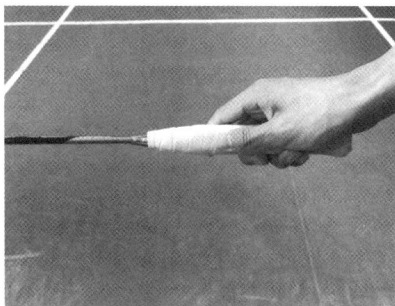

图4.2.3

（3）练习方法

以右手持拍为例，正手握拍，连续向空中击球，时刻注意握拍姿势，食指带动手腕发力，切忌小臂用力。

（二）发球

发球可以分为正手发球和反手发球，单打时多采用正手发球，双打时多采用反手发球。正手发球可分为：正手发高远球、正手发平高球、正手发平射球和正手发小球。反手发球可分为：反手发网前球和反手发后场球。我们将重点介绍两种最常用的发球技术：正手发高远球和反手发网前球。

1. 正手发高远球（以右手持拍为例）

（1）准备姿势

身体左肩侧对球网，两脚分立，与肩同宽。左脚在前，脚尖向网，右脚在后，脚尖稍向右侧，重心放在右脚上。准备发球时，右手握拍向右后侧举起，肘部微曲，左手拇指、食指和中指夹住球，举在腹部右前方。准备发力击球时，先放开球然后挥拍击球。

（2）击球动作

击球时，身体重心由右脚移至左脚上。在左手放开球使之下落时，右手上臂带动前臂，自右后方随转体向左前上方挥拍。当球下落到右臂向前下方伸直能接到球的刹那，紧握球拍，并利用手腕屈伸的力量向前上方发力击球，然后，球拍顺势向左上方挥动并缓冲。（见图4.2.4）

图 4.2.4

2. 反手发网前球（以右手持拍为例）

（1）准备姿势

面向球网，两脚前后站立，上体稍前倾，身体重心在前脚上。右手反手握拍，左手捏住球的毛尖部位，球托朝向右下方或后下方，球体与拍面平行或球托对准拍面放在拍面前方。

（2）击球动作

击球时，小臂带动手腕用大拇指朝前顶球拍使拍面横切推送，用力要轻，主要靠切、送。（如图 4.2.5）

图 4.2.5

3. 练习方法

①分解动作挥拍练习。

②完整动作挥拍练习。

③定点发球练习。

首先确定落球的位置，在此位置放置一个盆或者纸箱，定点将球发进里面，一组正手发高远球，一组反手发网前球，每组 20 个球，正确发球 12 个为合格。

（三）前场技术

羽毛球前场技术分为：放网前球、搓球、挑球、推球、扑球和勾对角球。我们将重点介绍放网前球、搓球和挑球。

1. 放网前球

放网前球属于主动进攻技术，并且威胁性大，常常会抢占先机而直接得分。

（1）准备姿势

以右手持拍为例，侧身向来球的方向移动，最后一步用左脚后蹬、右脚前跨的步法，同时上体前倾，向前伸臂伸拍，左臂向后伸出，以保持身体的平衡。

（2）击球动作

击球点和腰部在同一水平面，击球瞬间不是用搓切的动作，而是轻轻向上提，碰击球托的后底部，使球过网后球头朝下垂直下落。正手放网前球和反手放网前球分别见图4.2.6和图4.2.7。

图4.2.6　　　　　　　　　　　　图4.2.7

（3）练习方法

①原地挥拍练习。

②跨步击球多球练习：一人抛球一人练习。两人中间可拉一条1.55m高的绳子，抛球者旁放置一个盆，击球者在对面将上网球放网至盆内，在快速退回中场，一组20个球，完成一组后换人。

③隔网对练：两人一组结合步法进行隔网对练。一抛一练熟练以后，两人可隔着绳子用一个球连续放网。

2. 搓球

搓球是用球拍搓击球的左或右侧下部与球托底部，使球向右侧或左侧旋转与翻滚过网。

（1）准备姿势

侧身对右边网前，正手握拍，用正手上网步法向来球方向移动，同时以肩为轴，前臂外旋带动伸展，在身体的右前方做适量的半弧回环引拍，左手自然后伸。

（2）击球动作

当球拍举至最高点时，前臂向外旋转，手腕由后伸至稍内收闪动，握拍手的食指和拇指夹住拍，中指、无名指和小指轻握拍柄，使球拍在手腕和手指的挥摆用力下，搓击来球的右下底部，使球旋转翻滚过网。正手搓球和反手搓球分别见图4.2.8和图4.2.9。

图 4.2.8

图 4.2.9

（3）练习方法（方法同放网，注意手上动作的不同）

①原地挥拍练习。

②跨步击球多球练习：一人抛球一人练习。

③隔网对练：两人一组结合步法进行隔网对练。

3. 挑球

挑球是把对方击来的吊球或网前球挑高回击到对方后场去，这是在比较被动的情况下采取的一种防守性技术。

（1）准备姿势

正手握拍举在胸前，右脚向右前方跨出一大步，左脚在后，侧身向右前方，重心在右脚上，右臂向后摆，自然伸腕，使球拍后引。

（2）击球动作

击球时，以肘关节为轴，屈臂内旋，并握紧球拍，用食指及手腕的力量，将球向前上方击出。正手挑球和反手挑球分别见图4.2.10和图4.2.11。

图4.2.10

图4.2.11

（3）练习方法

①原地挥拍练习。

②跨步击球多球练习：一人抛球一人练习。两人中间可拉一条1.55m高的绳子，抛球者将球抛至往前，击球者在对面跨步上网将球挑至对面后场，再快速退回中场，一组20个球，完成一组后换人。可在抛球者方后放两个盆，击球者尽量将球击进盆内。

③两步上网多球练习:一人抛球一人练习。

(四)中场技术

中场技术可分为:接杀挡网前技术、接杀挑后场技术和抽球技术。我们将重点介绍接杀挡网前技术,即将对方的杀球挡至对方前场区域的技术动作,可分为正手接杀挡网和反手接杀挡网。

1. 正手接杀挡网前球技术

(1)准备姿势

降低重心,运用正手接杀步法向来球方向移动,移至右场边线,身体右倾,手臂右伸、前臂外旋、手腕外展。

(2)击球动作

击球时,前臂内旋稍翻腕带动球拍由右下向前上方推送击球,把球挡向对方网前。(分别见图4.2.12和图4.2.13)

图 4.2.12　　　　　　　　　　　图 4.2.13

(3)练习方法

①蹬跨挥拍练习。

②固定点多球练习:一人抛球一人练习。

③杀接杀练习:一人杀球一人接杀练习。

2. 反手接杀挡网前球技术

(2)准备姿势

反手握拍,降低重心,运用反手接杀步法向来球方向移动,移至左场边线,身体左转,持拍手上臂内旋带动手腕手指做引拍动作,成展腕状态。

(1)击球动作

击球时,前臂外旋带动手腕手指发力,斜拍面切推球托后下方,把球挡向对方网前。(分别见图4.2.14和图4.2.15)

图 4.2.14

图 4.2.15

（3）练习方法

①蹬跨挥拍练习。

②固定点多球练习：一人抛球一人练习。

③杀接杀练习：一人杀球一人接杀练习。

（五）后场技术

后场技术可分为：高远球、吊球和杀球。

1. 高远球

高远球是在本方底线附近将来球击打到对方底线附近，特点是飞行弧线较高，到达对方底线的时间较长。

（1）准备姿势

以右手持拍为例，左脚在前，右脚在后，两脚与肩同宽，身体侧向球网，重心在后脚上，左手自然上举，眼睛注视来球方向。正手握球拍，屈臂举于右侧，拍头位于额头上方，将球调整至右肩上方，注视来球，准备击球。

（2）击球动作

持拍手上臂随着身体向左转体，稍做回环上举，身体充分伸展。肘关节向上，拍头下垂，持拍手上臂上举，前臂急速旋内，同时顺着原来的回环动作继续向前上方挥动，手腕向屈收方向继续做回环动作，手指屈指发力握紧拍子，以正拍面击球托的后下部。击球瞬间，持拍手臂自然伸直。击球点在右肩上方，左手协调屈臂降至体侧协助转体。击球后，随着击球动作的完成顺势回位收拍。（见图 4.2.16）

图 4.2.16

（3）练习方法

①原地挥拍练习分解动作。

②原地挥拍练习完整动作。

③原地多球练习：一人抛球一人练习。原地多球练习要求抛球者将球抛至击球者的肩膀正上方，随后击球者做击打高远球动作将球击到前方。击球者可面对墙面进行练习，在墙面高5m处画一个直径0.5m的圆，要求击球者站在离墙9m处，将球击进圆圈里。

④结合步法多球练习：一人发球一人练习。一人正手发高远球，一人正手击高远球。

⑤两人半场一对一拉高远球练习。一人发球一人练习熟练以后，两人可在空旷的场地进行对拉高远球。

2. 吊球

吊球是将后场来球回击到对方前场向下坠落的球。

（1）准备姿势

击球准备动作同正手击高远球技术。

（2）击球动作

击球时拍面稍向内倾斜，手腕做快速切削下压动作，击球托的后部和侧后部。若吊斜线球时，则球拍切削球托右侧并向左下方发力；若吊直线球，则拍面正对前方向下方切削。击球后，随着击球动作的完成顺势回位收拍。（见图4.2.17）

图 4.2.17

（3）练习方法

①原地挥拍练习动作。

②原地多球练习：一人抛球一人练习。两人中间可拉一条1.55m高的绳子，抛球者正手发高远球，击球者做吊球动作将球击至网前，一组20个球，完成一组后换人。可在抛球者方旁放置一个盆，击球者尽量将球击进盆内。

③结合步法多球练习：一人发球一人练习。

3. 杀球

杀球是进攻的主要技术，它是把对方击来的球在尽量高的击球点大力扣压下去。这种球力量大，弧线直，落地快，给对方造成的威胁很大。

（1）准备姿势

击球准备动作同正手击高远球技术。

（2）击球动作

侧身起跳时，往右上方提肩带动上臂、前臂和球拍上举，以便向上伸展身体。起跳后，身体后仰挺胸成反弓形。接着右上臂往右后上摆起，前臂自然后摆，手腕后伸，前臂带动球拍由上往后下挥动，此时握拍要松。随后凌空转体收腹带动右上臂往右上摆起，肘部领先，前臂全速往前上挥动，带动球拍高速前挥。当击球点在肩的前上方时，前臂内旋，腕前屈微收，闪腕发力杀球。这时手指要突然抓紧拍柄，把手腕的爆发力集中到击球点上。球拍和击球方向水平面的夹角小于90°，球拍正面击球托的后部，使球直线下行。杀球后，前臂随惯性往体前收。在回位过程中将球拍回收至胸前。（见图4.2.18）

图 4.2.18

（3）练习方法

①原地挥拍练习动作。

②原地多球练习：一人抛球一人练习。两人中间可拉一条1.55m高的绳子，抛球者正手发高远球，击球者做杀球动作将球击至对面中场，一组20个球，完成一组后换人。

③结合步法定点杀球练习：一人发球一人练习。

（六）步法

羽毛球步法是一项很重要的基本技术，它和手法相辅相成，不可分割。没有正确的步法，必然会影响各种击球技术的完成。羽毛球步法是由垫步、并步、交叉步、蹬跨步、腾跳步等组成的在场上移动的方法。每一组步法一般都是从场地中心位置开始，可分为前场步法、中场步法和后场步法。

1. 前场步法

前场步法是完成上网搓球、放网前球及挑球的步法，可分为正手上网步法和反手上网步法。

（1）正手上网步法

在场地中间做好接球准备姿势，起动后左脚向右侧前方迈出一小步，同时用力蹬地，右脚交叉跨出第二大步做击球动作。击球后，利用后交叉或并步退回到场地中心。击球后，右脚向中心退回第一步，左脚交叉退回第二步，双脚往后同时做一个小跳步回位。（见图4.2.19）

图 4.2.19

（2）反手上网步法

在场地中间做好接球准备姿势，起动后左脚向左前方迈出第一小步，右脚接着向前方交叉跨出第二大步做击球动作。击球后，利用后交叉或并步退回到场地中心。（见图4.2.20）

图 4.2.20

2. 中场步法

中场步法一般用于接杀球，分为中场正手步法和中场反手步法。

（1）中场正手步法

起动后左脚蹬地往右脚方向迈出做一个小垫步，左脚落地后接着蹬地右脚往右侧做出一个跨步。击球后右脚往中心位置撤回一步，接着左脚退回第二步。（见图4.2.21）

图 4.2.21

（2）中场反手步法

起动后右脚蹬地，左脚向左侧转身跨步击球，击球后左脚迅速撤回。（见图 4.2.22）

图 4.2.22

3. 后场步法

由中心位置向后场区域移动击球的步法叫后场步法，可分为后场正手后退步法、后场头顶后退步法和反手后场步法。

（1）后场正手后退步法

当来球距离不远时，以左脚前掌为轴，右脚向右后侧来球方向等地起动后退，同时左脚向右脚并步，重心在右脚上，右脚向右后方跨出第二步击球。击球后，左脚向中心位置迈出第一步，双脚再往中心位置做一个小跳步回位。（见图 4.2.23）

图 4.2.23

（2）后场头顶后退步法

当来球距离不远时，右脚蹬地转体，向左后方来球方向后退第一步，左脚向右脚并步，右脚再跨出一大步，重心在右脚上，准备击球。击球后左脚往中心位置迅速回动第一步，双脚再往中心位置做一个小跳步回位。（见图 4.2.24）

图 4.2.24

（3）反手后场步法

右脚蹬地向左后方转体，左脚同时向来球方向迈出一小步，右脚接着跨出第二大步，身体背对球网，右脚落地同时击球。击球后身体迅速右转，右脚往中心位置回动一小步，左脚接着往中心位置迈回第二步。（见图 4.2.25）

图 4.2.25

4. 练习方法

练习者在大约3m×7m的长方形场地的中间开始。

（1）一人练习

练习者可在长方形的4个角上放上羽毛球，每个角3个球。练习者站在长方形场地中间开始，按照右前、左前、右后、左后顺序，依次将球推倒，重复3遍。可通过计时方式了解自己是否熟练与进步。

（2）二人练习

一人指方向，练习者根据同伴的方向进行步伐练习，此方法考验练习者的反应能力，因此练习者应当在熟练4个方向之后进行练习。

三、常见运动损伤及预防

在羽毛球运动过程中，运动损伤问题成为困扰广大羽毛球爱好者的一大难题，造成羽毛球运动损伤的原因主要包括技术动作不正确、局部负担过重、准备活动不充分、身体素质差等。表4.2.1是羽毛球运动中常见的损伤及预防措施。

表 4.2.1　羽毛球运动中常见的损伤及预防措施

运动损伤部位	运动损伤类型	预防措施
关节及韧带损伤	肩关节损伤	• 针对肩部做好充分的准备活动 • 运动后肩部得到充分放松 • 提高肩部肌肉的灵活性和柔韧性，加强肩部肌肉的力量练习
	腰部损伤	• 针对腰部做好充分的准备活动 • 多做增强腰、腹部力量和伸展性的练习

续表

运动损伤部位	运动损伤类型	预防措施
关节及韧带损伤	膝关节损伤	• 针对膝关节做好充分的准备活动 • 练习内容要多样化,防止膝关节过度疲劳 • 运动后膝关节得到充分的放松、恢复 • 加强膝关节周围肌肉力量的练习 • 佩戴护膝 • 适当注意场地选择
	踝关节劳损	• 针对踝关节做好充分的准备活动 • 加强踝关节周围肌肉的力量练习 • 控制体重 • 适当注意场地选择
	腕关节损伤	• 针对手腕做好充分的准备活动 • 增加手腕和手臂的力量、柔韧性训练 • 佩戴护腕 • 提高和改进技术动作

四、纠正性训练方案示例

羽毛球运动中会出现很多损伤问题,如身体关节和韧带出现不适与疼痛,我们还可以通过功能性运动测试筛查不良状况。那么,应采用何种有效科学的方法进行处理,并对损伤部位进行针对性的纠正训练,也是我们需要了解的。下面列举羽毛球中几个常见损伤的纠正性训练方案。

(一)肩关节损伤纠正性训练方案

肩关节损伤纠正性训练方案具体见表4.2.2。

表4.2.2 肩关节损伤纠正性训练方案

训练项目方案	时间/秒	组数/组	间隔/秒	训练目的
仰卧平板支撑	30	3	60	优化胸大肌
单手平板支撑	30	3	60	优化胸大肌
双手交替屈	30	3	60	优化肩部灵活性
稳定性下砍	30	3	60	优化背部肌群
仰卧肩部头上推	30	3	60	上背部、肩袖肌群
侧卧肩部主动分离式拉伸	30	3	60	优化肩部灵活性

选择肩部损伤纠正性训练方案时需要注意以下两点:第一,加强仰卧肩部头上推等类似动作的训练和学习,有助于提高肩膀周围肌肉的力量,同时增强其稳定性;第二,加强单手平板支撑等类似训练,可以增强肩部周围的肌肉力量,提升这部分肌肉的柔韧性。

(二)膝、踝关节损伤纠正性训练方案

膝、踝关节损伤纠正性训练方案具体见表4.2.3。

表4.2.3　膝、踝关节损伤纠正性训练方案

方案 训练项目	次数/次	组数/组	间隔/秒	训练目的
哑铃后弓步	12	3	60	优化股四头肌、臀大肌、髋部屈肌、核心力量以及髋部伸肌功能
弓步侧屈	12	3	60	
单腿臀桥	12	3	60	
深蹲进阶训练	12	3	60	
罗马尼亚硬拉	12	3	60	
最伟大拉伸	5	3	60	
平板支撑	30	3	60	

选择膝关节损伤纠正性训练方案时需要注意以下三点:第一,发展髋部,进一步增强腿部肌肉的力量,同时又能够使下肢变得更加平衡;第二,选择平板支撑类似动作的训练可以增强身体的核心力量,最终提高身体稳定性;第三,弓步等类似训练可以增加双侧膝关节以及踝关节的稳定性,同时又能增强肢体的对称性。

如果在纠正性训练过程中感到不适,应立即停止,严重者应及时就医!

第三节　乒乓球

一、乒乓球运动概述

(一)乒乓球运动的起源

乒乓球运动的起源有很多种说法,而最为流行的说法是:这一运动于19世纪末起源于英国,是由网球运动演变发展而来的。据说,在19世纪末的一天,伦敦遇到少有的闷热。两个英国贵族青年看过温布尔顿网球赛后,到一家上等饭馆的单间去吃饭。他们先是用雪茄烟的木盒盖当扇子,继而讨论网球技战术,捡起香槟酒的软木酒瓶塞当球,以大

餐桌当球台,中间拉一细绳为网,用烟盒盖当作球拍打球。侍者在一旁喝彩,闻声赶来的女店主见此情景,不禁脱口喊出"Table Tennis",这一声将乒乓球命名为"桌上网球"。

(二)乒乓球运动的发展

1. 世界乒乓球运动的发展

乒乓球运动兴起之时,使用的是横握球拍。1902年传入日本之后,出现了直握球拍方法。有人推断这是东西方进餐时握刀叉和拿筷子的区别而带来的早期握拍法的不同。球拍从两面贴着羊皮纸、中间是空洞的长柄球拍开始,演变到柄是短的光木拍和贴着软木或砂纸的球拍,然后又陆续发明了胶皮拍、海绵拍、正贴海绵拍和反贴海绵拍、长胶粒球拍、防弧圈海绵胶皮拍及"弹性胶水"。现在选手们使用的球拍是特制的,有齿粒的橡胶胶皮朝上或朝下覆盖在海绵表面并粘贴在木制或者碳素的球拍上。

计分方法由早期的10、20、50、100分一局等逐渐变为一局21分制;2003年的第47届世界乒乓球锦标赛正式开始使用一局11分制。早期的乒乓球球台小、球网高,规格也不统一。1936年左右,改为现在的规格。世界乒乓球的重大赛事主要有4项:奥运会乒乓球比赛、世界乒乓球锦标赛、世界杯乒乓球赛、国际乒乓球联合会职业巡回赛。世界乒乓球锦标赛是世界四大乒乓球赛事中规模最大、水平最高、参赛人数最多、唯一的含有全部七项锦标的比赛,目前,逢双年举行团体比赛,逢单年举行五个单项比赛,每一个项目都设有专门奖杯,各项奖杯都是以捐赠者的姓名或国名命名的。

现在的乒乓球运动已经发展成为高科技、高速度和强旋转相结合的一种竞技体育项目,全世界有近4000万人从事这项运动。

2. 乒乓球运动在中国的发展

中国乒乓球运动被世界公认为是中国的"国球"。中国乒乓球运动是从日本引进来的。20世纪初叶,日本明治维新之后不久,日本许多工商业者纷纷到中国沿海城市设立商业机构,把大量的商品推销到中国市场。于是乒乓球运动也随着商业的交往传入中国。

1904年,上海四马路一家文具店的经理,从日本买来10套乒乓球器材(球台、球网、球和带洞眼的球拍),摆设在店中,并亲自表演打乒乓球,介绍在日本看到的打乒乓球的情况。从此,我国开始有了乒乓球运动。

1916年,上海基督教青年会童子部添设了乒乓球房和球台,在学生中开展乒乓球运动,之后在北京、天津、广州等几个大城市也开展了该项运动。

1925年,中日两国开始了乒乓球运动的交往。

1927年,中国队赴日进行访问比赛。同年8月,上海举行了第8届远东运动会中日乒乓球表演赛。

1935年,国际乒乓球联合会来电邀请我国加入该联合会并参加第9届世界乒乓球锦标赛,我国由于经费没有落实而未能成行。

1952年,在北京大学举行了第一次全国乒乓球比赛。赛后,国家乒乓球队开始集中训练。同年,中华全国体育总会乒乓球部加入了国际乒乓球联合会,后改名为中国乒乓球协会。

1959年4月5日,在第25届世界乒乓球锦标赛中,容国团为我国夺取了第一个男子单打世界冠军。

1961年4月,中国乒乓球协会在北京承办了中国历史上第一个世界锦标赛——第26届世界乒乓球锦标赛。

1988年,在第24届汉城奥运会上,中国队勇夺女子单打(陈静)和男子双打(陈龙灿/韦晴光)两项冠军,与东道主韩国平分秋色,并在整个中国代表团的金牌榜中占据了2/5的席位。

自从1988年汉城奥运会乒乓球首次成为正式比赛项目以来,中国几乎完全垄断了这一项目的金牌。乒乓球成为中国体育代表团的优势项目。

乒乓球运动在我国已形成普及—提高—再普及—再提高的良性循环。据统计,目前我国经常打乒乓球的人口有1000多万。为了提高全民族的身体素质水平,进一步振奋民族精神,在积极推行全民健身计划的浪潮中,乒乓球运动在我国变得更加时尚起来,越来越多的人在课余、工余参加乒乓球运动。

二、锻炼方式介绍

(一)握拍法技术要领及教学方法

握拍法有直拍和横拍两种。这两种握拍法又由于打法特点不同而在具体握法上有所差别。

1. 直拍握法

直拍握法的特点:手腕灵活,出手较快,正手攻球快速有力,攻斜、直线时拍面变化不大,对手不易判断。但反手攻球因受身体阻碍,较难掌握,防守时照顾面积较小。

(1)直拍快攻型握拍法(如图4.3.1)

拍前:以食指第二指节和拇指第一指节扣拍,拇指与食指之间的距离要适中。

拍后:其他三指自然弯曲,中指第一指节贴于拍的背面。

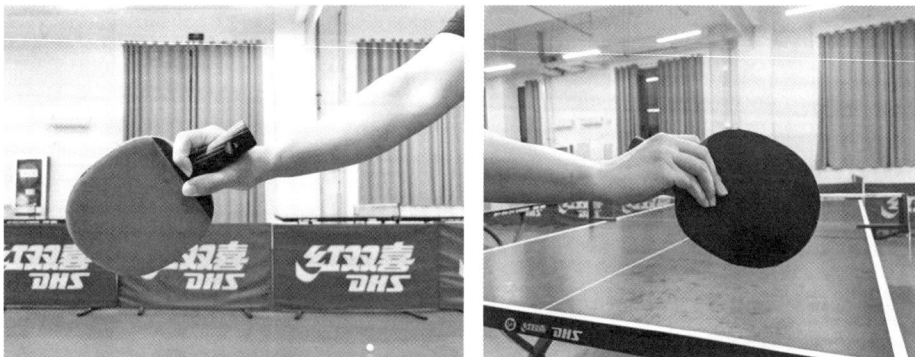

图4.3.1

（2）弧圈球型握拍法（如图4.3.2）

拍前：拇指紧贴在拍柄的左侧，食指扣住拍柄，形成一个小环状紧握拍柄。

拍后：其他三指自然伸直，中指第一指节顶住球拍的背面中间。

图4.3.2

2. 横拍握法

横拍握法的特点：照顾面积比直拍大，攻球和削球时的手法变化不大，正反手攻球便于发力，也便于拉弧圈球。但还击左右两面来球时，需要转动拍面，不容易调整拍形。在发球和处理近台下旋球时，手腕的运用没有直握拍灵活，且台内正手攻球较难掌握。动作要领：①中指、无名指和小指自然地握住拍柄；②拇指在球拍的正面轻贴在中指旁边，食指自然伸直，斜放于球拍的背面；③浅握时，虎口轻微贴拍，深握时，虎口紧贴球拍。（如图4.3.3）

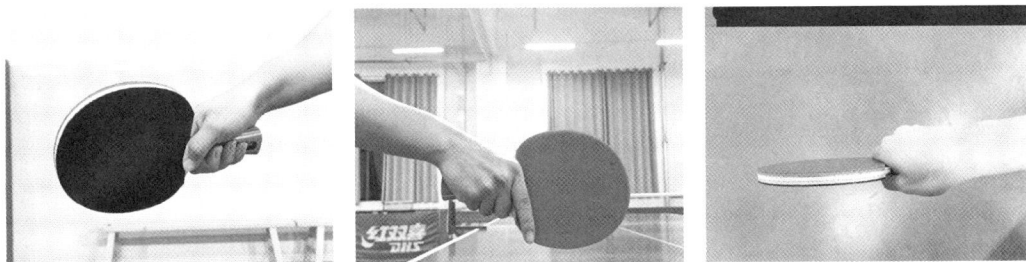

图4.3.3

（二）准备姿势动作要领及教学方法

准备姿势包括身体姿势和站位两个部分。

1. 身体姿势

两脚开立与肩同宽或比肩稍宽，两膝微曲，前脚掌着地（主要以脚内侧蹬地），脚趾轻微用力压地，脚跟微离地面，重心置于两脚之间，上体略前倾、收腹，持拍手臂自然弯曲，直握拍的肘部略向外张，球拍置于腹部右前方，手腕自然放松，拍头指向右斜前方，横握拍的肘部向下，前臂自然平举，手腕自然放松，拍头指向上方，非持拍手臂自然弯曲于身体左侧，两眼注视来球。（如图4.3.4）

图 4.3.4

2. 站位

不同打法的人,其站位方式也不同:

(1)直拍左推右攻打法的站位,一般是左脚稍前于右脚,左脚位置基本处于球台左边线的延长线上。身体与球台端线的距离约为 40cm。

(2)直拍两面攻和横拍快攻打法的站位基本同上,但身体与球台端线的距离为 50cm左右。

(3)直拍弧圈打法的站位是左脚在前,右脚在后,左脚基本位于球台左边线延长线外约 25cm 处。身体面向对方台面的左角,与球台左角的距离约 60cm。

(4)横拍两面拉打法的站位,左脚可略前于右脚,或两脚基本平行,左脚位置基本处于球台左边线的延长线上。身体与球台端线的距离约为 65cm。

(5)防守型(包括削、攻结合打法)的站位是两脚基本平行,左脚位置处于球台左边线的延长线上。身体与球台端线的距离约为 1m。

3. 基本站位教学方法

(1)按教师指令做近台快攻、弧圈球、削攻类等各种不同的徒手想象练习,体会不同的站位方法。

(2)根据个人打法特点做徒手模仿练习。

(3)根据不同的技术练习路线,做徒手模仿练习。如左方斜线对推站位、右方斜线对攻站位、中路平挡球站位等。

4. 准备姿势教学方法

(1)看教师手势做徒手模仿练习。由准备姿势向前、后、左、右方向移动,要求保持好身体平衡。

(2)规定板数的推、搓、攻等技术动作练习,同时保持正确的准备姿势。

(3)通过多媒体观看优秀运动员技术录像,进一步建立准备姿势的正确概念。

（三）攻球技术动作要领与教学方法

1. 正手攻球

攻球是乒乓球比赛中争取主动和获得胜利的重要技术。它具有速度快、杀伤力强的特点，能体现积极主动、快速进攻的指导思想。运用得好能使对方陷于被动，己方取得优势。因此必须学会全面的攻球技术。

特点：杀伤力高，动作小，球速快，发力充分的情况下能够连续主动进攻，不给对方反击的余地，造成对方心理上的压力，让对方疲于防守，直至己方得分。如运用得好则可以充分发挥近台快攻的作用。

（1）直拍正手近台攻球（如图4.3.5）

动作方法：左脚稍前，身体离球台约40cm。击球前，持拍手臂要右前伸迎球，前臂自然放松，球拍呈半横状。当球从台面弹起，前臂和手腕如"敬礼"动作向额头前上方挥动，并配合内旋转腕的动作，使拍形前倾，在上升期击球中上部。拍触球刹那，拇指压拍，同时加快手腕内旋速度，使拍面沿球体做弧形挥动。击球后，挥拍至头部高度。

图 4.3.5

（2）横拍正手近台攻球（如图4.3.6）

动作方法：击球时，手臂要自然弯曲，手腕与前臂近乎成直线并约与地面平行。前臂和手腕稍向前上方用力，击球时间、部位和拍形与直拍基本相同。

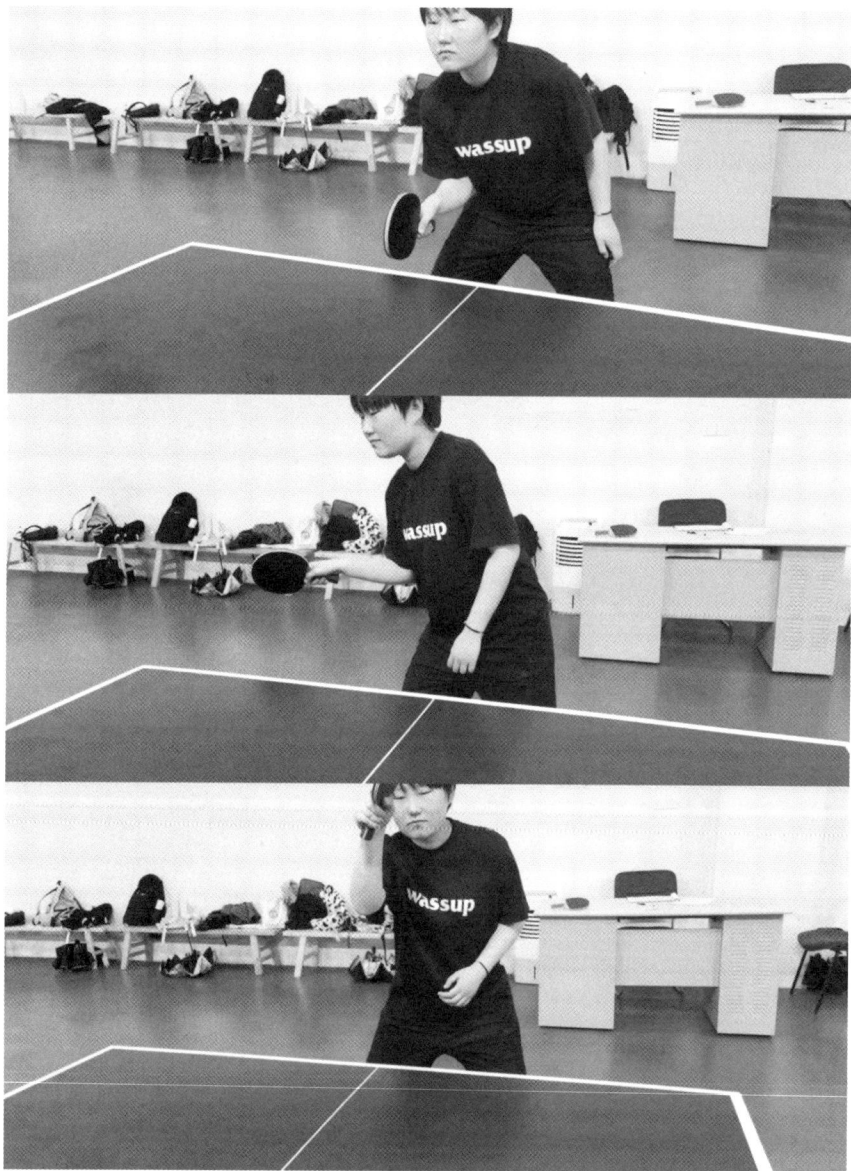

图4.3.6

2. 反手攻球

特点：站位近，动作小，球速快，借来球反弹力还击，是两面攻的重要技术之一，也是推中结合反手攻找机会的一种重要手段。如果与正手攻球配合得好，可以充分发挥近台快攻的作用。

（1）直拍反手攻球（如图4.3.7）

动作方法：右脚稍前，身体离球台约40cm。持拍手臂自然弯曲，将球拍移至腹前偏左的位置。击球时，前臂和手腕向右前上方挥动，同时配合外旋转腕动作，使拍形前倾，在上升期击球中上部。击球后，随势将球拍挥至右肩前。

图 4.3.7

（2）横拍反手攻球（如图4.3.8）

动作方法：准备时球拍放置腹前，手臂自然弯曲，手腕与前臂近乎成直线，拍形前压至45°角。当球从台面弹起时，前臂向右前上方挥拍，触球的刹那间手腕配合向外转动。击球时间、部位和拍形与直拍基本相同。

图 4.3.8

（四）搓球技术要领与教学方法

搓球是近台还击下旋球的一种基本技术。比赛中经常用它为拉弧圈球创造条件。它与攻球结合可形成搓攻战术。搓球可用于接发球，必要时用它作为过渡。对初学者来说，首先应学反手搓球，再学正手搓球。先练习慢搓，再练习快搓。在基本熟悉以上技术之后，再练习搓转与不转的球。

特点：慢搓动作幅度大，在来球的下降期击球，回球速度慢，但有利于增加搓球的旋转强度。慢搓一般适用于未看清回球旋转和线路稍长的来球。在对搓中，快慢搓结合起来，可以变化击球节奏，牵制对方。

1. 直拍搓球(如图 4.3.9)

动作方法:反手慢搓的站位是右脚稍前或持平,身体离球台约50cm,持拍手臂向后引拍。击球时,前臂和手腕向前下方用力,同时配合内旋转腕的动作,在来球的高点搓击球中下部。

图 4.3.9

2. 横拍搓球(如图4.3.10)

动作方法：横拍搓球时，拍形放平，击球时前臂向右下方挥拍。击球时间、部位和拍形，与直拍基本相同。

图4.3.10

(五)弧圈球技术动作要领

弧圈球技术有速度快、旋转强的特点，容易给对手造成比较大的威胁。弧圈球是当代乒乓球技术打法中最主要的技术之一，不管是直拍还是横拍选手，要想达到高水平层次，就必须掌握弧圈球技术。弧圈球在近台或中远台的攻防中具有积极的意义。

反手弧圈球技术动作要领：两脚平行或右脚稍后站立，两膝微曲。击球前，引拍至腹部下方，含胸收腹，肘部略向前出，手腕后屈，拍形向前倾。当来球从台面弹起时，以肘关节为轴，前臂迅速向上方挥动，结合手腕向上转动的力量，在球跳至最高点时用球拍摩擦球的中部或中上部。在击球过程中重心始终压低，注意左右的重心转换。

正手加转弧圈球技术动作要领：两脚开立，右脚稍后，身体略向右转，两膝微曲。准备击球时，重心支撑点放在右脚上，持拍手臂随着腰部自然平行向后方引拍，将球拍向后挥至身后，右肩略低于左肩，拇指压拍使拍面略为前倾，并使拍面固定。当来球从台面弹起时，手臂向前方挥动。前臂在上臂的带动下很快收缩，拍面与台面约成80°，在球跳至最高点时用球拍摩擦球的中部或中上部。摩擦球时，要注意腰部向前方转动和重心转换两脚蹬地的力量。

正手前冲弧圈球技术动作要领：两脚开立，右脚稍后，身体略向右转，重心支撑点放在右脚上。自然引拍至右下方约与台面齐高处，拍面保持前倾。当来球从台面弹起时，腰部由右向左转动，前臂在上臂带动下向前发力，手腕略微转动，拍面与台面成50°，在高点期摩擦球的中上部。击球后，重心支撑点移至左脚。

三、常见运动损伤及预防

（一）常见运动损伤

乒乓球运动属于技能主导类持拍隔网对抗项目，在运动时虽然没有剧烈的身体对抗，但快速的击球动作和瞬间肌肉发力都对身体的关节有着巨大的冲击。乒乓球运动在训练中常见运动损伤绝大部分属于软组织损伤，主要涉及肌肉与韧带及相关组织等的拉伤与扭伤，有时在剧烈的比赛中也会发生擦伤、骨折等意外伤害。常见的运动性疾病主要是由于负荷超过了运动员所能承受的生理或心理限度，引起机能混乱和病理变化而导致的各种疾病，如运动性痉挛、运动性中暑。在乒乓球训练中造成运动性损伤与疾病的主要诱因来自内外5个方面。

1. 人体自身生理特点的限制

人体在长时间高强度运动一段时间后，由于体内能量大量消耗、代谢产物过度堆积、电解质大量流失等，必然会使全身各器官机能水平下降，从而导致疲劳的产生。身体疲劳以后继续从事高强度训练，极易发生急性的拉伤和扭伤，同时如果在训练时产生的疲劳得不到有效的恢复，疲劳累积也会造成过度训练和慢性劳损的产生，这样不仅不会提高运动成绩，甚至会降低运动员的运动寿命。人体的关节结构在运动时体现出的灵活性和稳定性也是相辅相成的，关节头与关节窝之间的面积差越大，运动幅度就越大，其灵活性也越高，反之面积差越小，则关节的稳定性越强。乒乓球训练时最常使用的腕关节、肘关节、肩关节、踝关节等都是人体中非常灵活的关节，它们的稳定性也是所有人体关节中最差的，在训练中对于击球"快、准、狠、变、转"的极致要求会对这些关节造成较大负荷，容易发生关节扭伤和韧带拉伤。因此，关节的不稳定性也是人体自身生理特点的限制之一。

2. 忽视专项身体素质

由于乒乓球属于技能主导类运动项目，在比赛中技术的好坏往往直接决定着运动成绩，这就使得在训练时对专项身体素质训练缺乏认识，常常通过常规身体素质训练代替乒乓球专项身体素质训练，重视主要运动肌群的力量训练而忽视各项身体素质全面发展。好的身体素质是决定运动技术得以正常发挥甚至超常发挥的基础，是系统科学训练的根本保证，是预防运动性损伤和疾病的核心手段。身体素质和技术难度之间不匹配，力量素质和柔韧素质之间发展失衡等都是忽视专项身体素质的主要表现。

3. 技术动作不规范

乒乓球需要通过蹬地、转腰、挥臂等发力顺序把力量通过球拍集中传递给乒乓球，如果在乒乓球训练和比赛中技术动作不正确,违背人体生物力学原理和生理特点,就极易造成运动损伤。因此,技术动作不规范也是造成运动损伤的主要原因之一。

4. 运动负荷过量

乒乓球训练在运动负荷制订与安排时应该充分考虑因人而异原则,根据运动员的生理特点,科学搭配身体各部位的运动负荷,防止运动量过大造成过度疲劳或局部负担过重产生劳损。在训练中如果运动负荷超过了运动员身体承受的生理负荷量,尤其是局部肌肉组织的负荷过大(如持拍手臂的相关肌肉组织),会引起细微的运动性损伤,虽没有明显症状,但随着积累也会诱发慢性运动劳损,这也是造成运动性损伤的主要原因之一。同时训练还要注意系统性与周期性,整个训练过程要循序渐进,最大限度地减少对运动员产生损伤等。对于有损伤的运动员要注意做好康复训练,并根据伤病情况区分对待,制订有针对性的训练内容和运动负荷强度。

5. 运动场地和器材不合理

乒乓球运动对于乒乓球的器械与场地的要求相对较高,在炎热且通风较差的地方训练往往会引起运动性疾病。如果在有刺眼光线、有侧风、有障碍物限制等环境下从事乒乓球运动就会难以把握合适的击球位置,造成技术动作变形,增加受伤的概率。球拍要根据自身条件合理选择胶皮、海绵、底板,不适合的球拍都会对运动员的击球动作造成负担,增加运动损伤的概率和加重损伤程度。同时,乒乓球台面和场地的质量差、服装与球鞋舒适度低、辅助器材不安全、灯光照明未达标等都与运动性损伤和疾病产生有着一定的关联。

(二)损伤的预防

运动员在出现运动性损伤与疾病时往往都需要停止正常训练,放松休息也是治疗损伤与疾病的主要手段,但是这往往会严重影响运动员的身体素质和技术水平。因此,通过预防来降低乒乓球运动中运动性损伤与疾病发生的概率,可以看作最好的治疗手段。因此,只要在乒乓球训练和比赛中重视预防措施,通过加强自我保护防范意识,重视全面发展,合理制订训练计划等手段就可以有效地避免一些不必要的运动性损伤与疾病,或将其发生概率减小到最低。

1. 加强运动思想上的重视

要从思想上重视起运动前充分科学的准备活动和运动后积极的整理放松部分。充分科学的准备活动能够使人体的肌肉、内脏、神经系统逐渐进入运动状态,降低人体肌肉的黏滞性,增强肌肉的伸展性,并恢复技术动作的条件反射联系,为正式训练或比赛做好充分准备。准备活动一般要求运动员身体感到发热,微微出汗为好,不能活动过量使正式运动时的机能水平不在最佳状态,并针对旧伤和易伤部位加强适当的力量与拉伸练习,其对预防运动性损伤与疾病的发生有明显效果,同时注意和正式运动之间的衔接时间,防止准备活动所产生的生理作用减弱。运动后积极的整理放松部分可以缓解运动后的疲劳,加快带走运动中产生的代谢产物,可以有效减少再次运动时由于肌肉没有恢复而产生的伤害。一般的整理放松部分主要包括慢跑及牵拉放松活动。

要在思想上加强对运动性损伤和疾病的认识，尊重队医的建议与安排。在平时的运动和训练中要加强对预防运动性损伤和疾病的认识，认真贯彻"预防为主"的方针。如果有运动性损伤和疾病的发生，要尊重队医的建议和安排，积极配合治疗，重视恢复性训练，避免慢性劳损和再次损伤。

2. 充分认识体能训练

要充分认识体能训练，全面发展各项身体素质，积极提高专项素质。身体素质是运动员进行一切身体活动的基础，良好全面的身体素质，可以提高运动员的生理机能和承受运动负荷的能力，并能够预防运动损伤、延长运动寿命。提高各项身体素质是预防运动性损伤和疾病的一种积极手段。适当加强旧伤和易伤部位的力量素质和柔韧素质练习，对于常见运动损伤有很好的防范效果。同时乒乓球高难度的技术动作也要求运动员有着相应的身体素质，体能训练对乒乓球在比赛中技战术合理运用有着至关重要的作用。

3. 科学合理地安排训练内容和运动负荷

每个运动员都存在其特异性，在不同时期不同阶段所安排的训练内容和运动负荷应因人而异。例如，在不同年龄段身体素质发育速度不同，对于运动员应根据年龄特点合理安排训练内容，训练负荷要注意大密度与小密度训练交替进行，防止负担过重疲劳不能及时恢复。因此，在教学训练中，应采取循序渐进和区别对待的训练原则，根据运动员的性别、年龄、训练水平等因素进行全面考虑，科学合理地安排训练内容和运动负荷。

4. 正确掌握技术动作

正确掌握并熟练运用乒乓球的技术动作能够使身体在运动中更加舒展、省力、美观，不但符合运动的生理特点，而且可避免体能的浪费，是避免运动损伤出现的主要手段之一。

5. 认真做好医务监督工作

对于运动员而言，经常需要通过提高技术难度或增加运动强度来突破自我，获得更高的运动成绩，这就使得运动伤病成为运动队中不得不反复发生的状况。因此，应对运动员每天做好医务监督，对其自身机能变化及时进行科学诊断，用客观身体数据变化来评价运动员的身体状况，预防运动性疲劳和过度训练。同时，医务监督在运动伤病的恢复期的保护和治疗，以及对何时能够开始适度的恢复性训练的判断，对于预防伤病复发也有着积极的作用。

四、恢复性训练方案示例

对于预防运动性损伤，主要还是应注意每次锻炼前的准备热身活动和锻炼后的肌肉放松活动要进行充分的拉伸和牵引。

（一）腰背部损伤恢复性训练方案

在进行乒乓球运动时，腰背部要随着运动员的击球动作完成前屈、侧弯、旋转等动作，易造成腰部肌肉的劳损。主要症状是腰部酸痛、沉重，运动中及运动后较为明显，腰背部劳累后症状加重。主要预防与治疗办法有：调整训练量，运动时使用护具，对损伤部位进行按摩推拿与理疗、封闭与针灸治疗等。

（二）肩袖损伤与肱二头肌长头肌腱腱鞘炎恢复性训练方案

肩袖是肩关节中的弱点，乒乓球运动中的提拉、拧拉、削球等动作，上臂需要反复地内旋、外展，如长期大量运动或出现急性损伤时很容易造成肩袖损伤。肩袖损伤易造成损伤后的肩痛，肩部活动受限、肌肉痉挛与萎缩。肱二头肌长头肌腱腱鞘炎是由于乒乓球运动中反复的提拉、拧拉、削球、弧圈球等动作需要上臂前方的肱二头肌反复收缩才能发力产生劳损而造成的炎症。上臂前外侧有疼痛感，一次急性致伤或慢性病变致伤时便有疼痛，随即疼痛加剧，肩关节活动会明显受限。肩袖损伤需要调整运动员的训练量，采取固定、封闭及理疗的方式进行治疗，严重时可进行手术。肱二头肌长头肌腱腱鞘炎早期可以通过冰敷缓解疼痛，后期可通过按摩、理疗等方法进行治疗。

（三）膝关节损伤恢复性训练方案

常见的膝关节损伤有膝盖内侧副韧带拉伤和髌腱末端病。膝盖内侧副韧带拉伤会造成膝关节内侧肿胀、剧痛，膝盖活动受限，有明显压痛，压痛点常在股骨和胫骨的内侧髁部。髌腱末端病会造成膝关节痛，痛点在髌尖或髌腱处，膝关节弯受力时疼痛加重。膝盖内侧副韧带拉伤应将膝关节置于略屈位制动，使副韧带松弛，利于愈合。前期可以冰敷以消除肿胀，减轻疼痛。韧带断裂的应尽早手术，修补断裂的韧带，避免关节不稳定从而影响膝关节功能。髌腱末端病应调整运动量，加强下肢膝关节的肌肉力量，稳定膝关节，佩戴护具与支具进行保护，通过按摩、理疗等手段来康复。

乒乓球损伤的预防同样可以通过体能教练联合专项教练、队医、理疗师与运动员损伤史制订属于运动员的专项体能训练计划，强化其专项动作中易损伤部位肌群的强度来进行。体能教练通过整合乒乓球专项体能训练计划中的组合训练手段来让运动员对造成损伤的风险更具有适应性也是预防的方法之一。对于乒乓球项目来说，提升核心稳定性与下肢灵活性是较具有普适性的训练方法，增强核心稳定性与核心力量可以使运动员的下肢爆发力通过更少的力矩损耗传递到上肢，从而使动作完成的质量更高，动作速度更快，有更多时间来进行变向，从而减少膝关节因突然变向而导致损伤的风险，预防运动中造成的损伤。

第四节　单人篮球

一、单人篮球运动概述

(一)篮球运动的起源

篮球运动诞生于19世纪,其创始人是美国马萨诸塞州斯普林菲尔德市的一名体育老师——詹姆斯·奈史密斯。马萨诸塞州的冬天,天气尤为寒冷,很难在户外进行体育锻炼,作为一名体育老师,为了可以激发学生们进行体育锻炼的兴趣,奈史密斯突发奇想,计划将在户外进行的一些室外运动项目移动至室内,但是室内的足球运动使得体育馆内的许多窗户的玻璃被打碎,曲棍球运动又由于室内场地较为狭小,而造成同学们在运动时相互击打,橄榄球更因为其运动中球的特点而无法在室内的坚硬场地进行,于是奈史密斯在分析了各种运动,借鉴了公元700年玛雅人发明的"场地球"和自己小时候的"打小鸭"游戏以及"扔桃子"游戏之后,发明了这一项具有深度趣味的运动。起初的篮筐是有底部的,每次进球之后都得爬梯子上去将球取下来,之后为了比赛的流畅性将篮筐底部取消,接着将篮筐吊在两个端线对应的墙壁的支架上。至此,篮球运动的雏形已经基本具备。

(二)篮球运动的本质属性和功能

篮球作为世界上最普及的体育运动,其本质是一种游戏,其属性是一种文化,更是一种社会文化现象。它融浓厚的趣味性和欣赏性为一体,对运动员和观众具有极大的吸引力。篮球不仅作为一项竞技体育,而且作为一门瑰丽的艺术,已深深地植根于全世界亿万热情的爱好者心中。它对振奋民族精神,对培养学生吃苦耐劳、顽强拼搏的品格,对培养学生团结协作的精神具有深远的意义。

(三)篮球运动的发展简介

自从篮球这项运动问世以来,其发展十分迅猛,目前已经融入了世界上各个国家的体育项目。19世纪90年代—20世纪20年代,篮球运动开始从学校走入社会,其规则也在不断地完善;20世纪30—40年代,篮球运动发展迅速,为了适应篮球运动发展的需要,国际篮球联合会由此成立,并且在1936年的第11届奥林匹克运动会上篮球被列为正式比赛项目;20世纪50年代开始,由于篮球规则和篮球技战术之间的相互促进,高度逐渐成为篮球比赛中的一个重要制约因素,但是随着时代的发展,在20世纪60年代左右又诞生了以美国为代表的,不仅仅依靠高度,而是将高度、速度、技巧有机结合的美式打法,还有以韩国为代表的小、快、灵的亚洲打法;从20世纪90年代开始,篮球运动的发展进入了全盛时期,1992年国际奥林匹克委员会通过了允许职业球员参加世界锦标赛和奥运会的决定,篮球运动进入新纪元。

二、锻炼方式介绍

(一)投篮

投篮技术是指将篮球投进对方篮筐而采用的技术动作方法的总称。它是比赛中唯一的得分手段,更是我们在篮球日常锻炼中最常见的一种运动方式。

1. 投篮技术的分类

投篮动作的方法很多,姿势以及手势在各国运动员身上都有不同的表现,我们统一按照持球方法的类型将投篮技术分为双手投篮技术和单手投篮技术。在运动中时投篮按过程可以分为原地投篮、行进间投篮和跳起投篮。其中原地投篮可以分为原地肩上投篮和原地头上投篮。行进间投篮分为行进间肩上投篮、行进间低手投篮、行进间反手投篮和行进间勾手投篮。跳起投篮分为单手肩上投篮、转身肩上投篮、接球急停肩上投篮、运球急停肩上投篮、补篮和扣篮。双手投篮按上述标准可分为原地胸前、头上投篮,行进间的低手投篮,以及跳起时的补篮和扣篮。

2. 投篮技术的动作方法

(1)原地投篮

以原地单手肩上投篮为例,它是各种投篮的基础,使用最为广泛,需要出手点高,便于结合其他相关篮球技术动作。

①动作方法

用右手投篮举例,原地单手投篮时右脚在前,左脚相对在后,膝盖微曲,重心落在双脚前脚掌上。右手五指自然分开,手腕翻转持球的后下部位,左手扶在球的侧方略微偏上,举球于同侧头与肩的前上方,大臂与肩关节平行,大、小臂约成90°。肘关节稍微内收。投篮时,下肢蹬地发力,身体随之向前上方伸展,同时抬肘向投篮方向伸臂,手腕压腕,手指拨球,球柔和地从食、中指尖拨出。球出手时,手臂要随球自然跟送。(见图4.4.1)

图 4.4.1

②动作要点

上下肢协调发力,动作伸展充分,注意压腕拨球,食、中指控制球的方向与旋转。

（2）行进间单手肩上低手投篮

行进间单手肩上低手投篮是在高速跑动中利用速度优势摆脱对手后在篮下时最常用的一种迅速投篮的方法,具有伸展距离远、动作速度快、出手平稳的优点。

①动作方法

以右手低手投篮为例,右脚向前跨出一大步的同时接球,接着左脚跨一小步,并用力蹬地起跳,右腿屈膝上提,身体重心前移,双手向篮筐方向举球。当身体接近最高点时,左手离球,右手外旋,掌心向上托球,并充分向球篮上方伸展,接着屈腕,食、中指用力拨球,通过指端将球投出。（见图4.4.2）

图4.4.2

②动作要点

起跳后的身体腾空时,身体向前上方充分伸展,投篮出手前保持托球手的稳定性,指腕上挑拨球动作要协调。

（3）跳起投篮

跳起投篮,又称为跳投。它具有突然性、出球点高和不易被防守队员影响的特点,可在原地、行进间急停或转身后的跳起后投篮。原地跳起单手肩上投篮是在原地单手肩上投篮基础上的一种投篮方式,也是现代篮球运动普遍运用的投篮方式之一,动作方法与原地单手肩上投篮相同。

①动作方法

两手持球于胸前,两脚左右开立,两膝微曲,重心落在两脚之间。以右手投篮为例,起跳时,迅速屈膝,脚掌用力蹬地向上起跳,同时双手举球到右肩上方,右手持球,左手扶球的左侧方,当身体接近最高点时,左手离球,右臂向前上方伸展,手腕前屈,食、中指拨球,通过指端将球投出。落地时屈膝缓冲。（见图4.4.3）

图 4.4.3

②动作要点

起跳应垂直向上，与抬手举球、出手动作应协调一致，在自身跳起接近最高点时出手。

(二)运球

运球技术是持球队员在原地或移动中用单手连续按拍球推进的一种技术动作。它是摆脱个人防守，创造传球、突破、投篮等得分机会的重要进攻手段，也是进攻队员发动组织快攻、完成全队战术配合执行教练员战术意图并实现的重要方法。

1. 运球技术分类

运球技术按动作位置变化可以分为原地运球和行进间运球技术两大类。(如图 4.4.4)

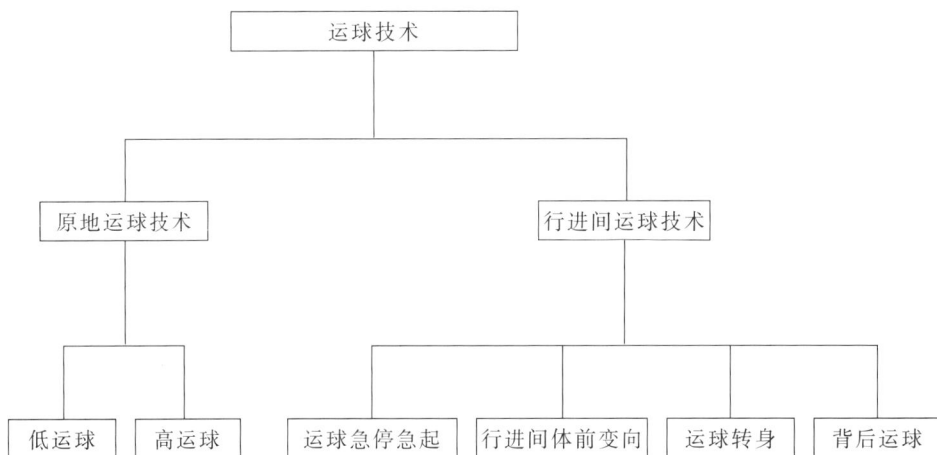

图 4.4.4

2. 运球技术的基本动作构成

运球技术的基本动作由身体姿势、手臂动作、球的落点和手脚协调配合4个部分组成。

（1）身体姿势

两脚前后开立，两膝弯曲，约与肩宽，侧身上体稍向前倾，抬头直视前方。非运球手臂屈肘，上抬持平约在胸腹之间的位置，用以保护球。

（2）手臂动作

手臂上的动作包括球接触手的部位、运球时的动作、按拍球的部位和力量的运用。运球时，五指自然张开，尽可能地扩大控制球面积，用指腹和指根以上部位触球，手掌心空出，手指、手腕放松。

（3）球的落点

运球的速度、力量、方向和临场时的状况不同，球的落点也会不同。在无人防守的情况下使用高运球时，球的落点应在运球手的同侧前外侧，速度越快，落点越靠前，离自身越远，反之越近；在有防守的情况下运球的落点应在体侧，另一只手抬起以便保护球；变向运球时，其落点位于异侧体侧或侧前方，胯下运球的落点位于胯下两脚之间相对靠前的位置。

（4）手脚协调配合

运球时移动速度和运球速度需要做到协调一致，保持合理的运球节奏，并注意身体的控制。速度移动越快，按拍球的部位越是靠后下方，落点越远，反弹起来的力量越大。反之，部位越靠上，落点越近，力量越小。

3. 运球的动作方法

（1）高运球的动作方法

运球时两腿微曲，上体前倾，目视前方，前臂自然伸屈。手腕放松、手指柔和有力地拍球的后上方。球的落点应落在运球手的同侧脚的外侧前方。（如图4.4.5）

图4.4.5

（2）低运球的动作方法

双腿应迅速弯曲，降低重心，上体前倾，球的落点位于体侧，用上肢肩膀、手臂和腿保护球。手腕和手指短促有力地按拍球的后上方，使球反弹高度约至膝关节，两腿用力后蹬。行进间低运球拍球的部位在球的后上方或后侧方。（如图4.4.6）

图 4.4.6

（3）急停急起运球动作方法

在快速运球中突然急停时，重心降低，手按拍球的前上方，使球停止向前运动。运球急起时，两脚用力后蹬，上体快速前倾，启动迅捷，同时手指用力按拍球的后上方，然后运球快速前进。

（4）体前变向运球动作方法（以换手变向为例）

以右手体前变向运球为例，持球队员从对方左侧突破时，先向防守队员左侧做变向运球假动作。当防守队员向左侧移动试图拦截时，运球队员突然按拍球的后上方，使球从自己体前左侧反弹至右侧前方，紧接左脚向右前方迅速迈出，侧身探肩，用肩膀挡住对手。换右手运球，右脚用力蹬地，加速运球突破对方。（如图4.4.7）

图 4.4.7

（5）转身运球的动作方法

以右手运球为例，转身变向时，用左脚在前为轴，向左后方向转身，右手将球拉至身体的后侧方，并将球的落点保持在身体的外侧方，然后换左手运球，加速前进。（如图4.4.8）

图 4.4.8

（6）背后运球的动作方法

以右手运球为例，从背后换左手时，右脚前跨，右手将球拉到右侧身后，迅速转腕按拍球的右后方，球的落点位于两腿之间靠后的部位，让球从背后反弹至左侧前方，左脚紧接着向左前方跨出，换左手运球，双脚用力蹬地迅速加速前进。（如图4.4.9）

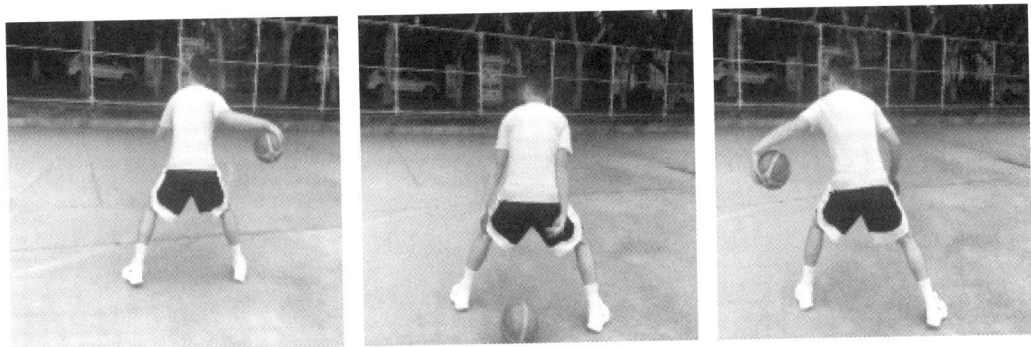

图 4.4.9

三、常见运动损伤及预防/治疗

（一）脚踝扭伤/骨折

踝关节常见的损伤是内翻性扭伤，这会导致脚踝中一个或多个韧带的撕裂或断裂。扭伤后通常会伴随着疼痛、肿胀和关节活动受限，根据损伤的程度不同，恢复时间也从几天到几个月不等。

踝关节扭伤的预防：除了加强踝关节周围肌肉力量锻炼和提高本体感觉外，适当穿戴护踝也是至关重要的。室内活动的时候可以穿上室内篮球鞋，以防打滑，并为脚踝提供足够的支撑。

踝关节扭伤的治疗：一般采取RICE原则，即休息、冰敷、加压包扎和抬高患肢。

（二）大腿挫伤

大腿挫伤是另一种常见的篮球损伤,通常是其他人的肘或膝无意中撞击到运动员的大腿肌肉造成的。

大腿挫伤的预防:通常无法避免这类损伤,但是通过进行活动前的拉伸和准备活动,以及力量训练,可以减轻受伤后的影响。同时,可以穿戴运动紧身衣,提供额外的保护。

大腿挫伤的治疗:与踝关节扭伤一样,急性症状包括肿胀、疼痛和皮温升高,处理原则也是休息、冰敷、加压包扎和抬高患肢。

（三）手指挫伤

在篮球的传球和接球过程中,手指的挫伤是最常见的损伤之一。在快接快传递球或抢球时,手指与球垂直撞击,可能使得手指受到外力冲击,造成手指关节损伤。

手指挫伤的治疗:在挫伤后,最先出现的是疼痛和肿胀,我们可以采取冰敷,减少组织液的渗出,然后用医用胶带将受伤的手指固定在相邻的手指上。如果几天后疼痛和肿胀还未消除,则需要去医院就诊。

（四）膝关节损伤

膝关节的损伤比较复杂,除了最常见的髌骨关节疼痛,膝关节的运动损伤还包括半月板损伤、前交叉韧带和后交叉韧带损伤和内外侧副韧带损伤等。

预防膝关节损伤的最佳策略是保持膝关节周围肌肉的力量平衡。运动的时候可以佩戴护膝保护膝关节。

四、预防损伤的原则

（一）加强思想教育

平时要注意加强预防损伤观念的培养,加强自身对体育运动的了解,充分并深刻意识到预防运动损伤的重要性及必要性。

（二）合理安排运动负荷

运动负荷安排不足,不能达到提高人体运动能力的目的。运动负荷过大,超出了人体所能承受的负荷,不仅使运动系统的局部负荷过重,还会使全身机能下降,协调能力降低,注意力下降,反应速度降低,从而容易发生损伤。长时间的过量运动容易使疲劳堆积造成运动损伤,所以,在运动时需要根据年龄、性别、健康状况,以及各项运动项目的特点,区别对待,合理安排运动负荷。

（三）认真做好准备活动

在运动、训练和比赛前，应充分做好准备活动。准备活动的目的是提高人体的中枢神经系统的兴奋性，以及克服自主神经的惰性。通过全身各关节、肌肉的活动促进身体内的血液循环，可使肌肉组织得到充分的血液供应，来增强肌肉的力量和弹性，良好的肌肉以及神经状态可以为正式活动做好充分的准备。

（四）加强易伤部位等的练习

自身有意识地去加强对易伤部位和相对薄弱部位的练习，提高其运动能力，是预防运动损伤的积极措施。例如，在篮球运动中为了预防腰部损伤，除应加强腰部肌肉的练习外，同时，还应加强腹肌的练习。为了预防脚踝受伤，则应该加强腿部力量的训练，通过提踵加强脚踝力量，增加小腿三头肌的力量。

（五）加强医务监督工作

经常参加体育活动的人均应定期进行体格检查，自身感觉不适时，需要及时停止运动，避免其他损伤。

（六）穿戴运动相关的护具、衣物

运动护具可以有效地限制关节最大限度的活动而导致的损伤，篮球运动中常见的护具有护膝、护踝、护肩等。这些护具都可以帮助身体在运动过程减少损伤，在运动前选择合适的衣服以及运动鞋也是减少运动损伤的有效途径，如防止脚踝侧翻，穿高帮篮球鞋等。

第五节　养生太极拳

一、养生太极拳的特征

太极拳具有提高身体健康的功效，并成为广大健身爱好者喜欢的运动项目，在公园中随处可见练习太极拳的中老年人。国内外大量研究也证明太极拳对于练习者的平衡能力、心肺功能以及心理健康方面具有明显的促进作用，美国专门立项研究太极拳在老年人防摔倒方面的积极作用。

现今关于太极拳的研究大多数是将太极拳运动的健康促进进行验证，缺乏对太极拳技术进行细分化的分析与探索，此外，自清代定名，太极拳流传至今的技术体系是严格按照技击特点及风格划分的，如陈式太极动作多缠丝螺旋、劲力发放明显，杨式太极柔和缓慢、虚实分明、圆活连贯，可缺乏明显功能指向的太极拳很难成为让人容易理解、便于操作的运动处方或是康复治疗手段。

基于上述原因，我们将太极拳技术体系依据其"身、息、心"三个维度的特点进行透析，重新编排并融合相关的养生导引术和气功的练习方式，与整个健康促进体系结合起来，使之具有处方的特点，并可以进行相应的提取和标准化操作。

二、养生太极拳的动作

(一)增强呼吸深度的练习

1. 起落式

开始动作：两脚开立与肩宽，膝关节微曲，上体伸直，两手臂自然下落于身体两侧，掌心向后。(见图4.5.1)

吸气：自然状态下直臂缓慢柔和地向前、向上移动，同时膝关节缓慢伸直，直至手臂前平举的位置。(见图4.5.2)

呼气：放松地向下按压双掌，回到开始的动作。(见图4.5.3)

图4.5.1　　　　　　　　图4.5.2　　　　　　　　图4.5.3

2. 开合式

开始动作：两脚开立与肩宽，膝关节微曲，上体伸直，两手臂前平举，掌心相对，肘关节微曲。(见图4.5.4)

吸气：以肩带肘，以肘带手，柔和地向两侧拉开。(见图4.5.5)

呼气：以肩催肘，以肘催手，缓慢地向内按压，回到开始动作。(见图4.5.4)

图 4.5.4　　　　　　　　　　　　　　　　图 4.5.5

3. 单手圈式（以右手为例）

开始动作：两脚开略三步宽成高马步，膝关节微曲，手臂前平举，掌心向前，肘关节微曲。（见图 4.5.6）

吸气：重心向右，逐渐成右弓步，同时右手缓慢向上、向右画弧，落于右脚尖正上方。（见图 4.5.7）

呼气：重心向左，逐渐回到高马步，同时右手柔和地向下、向左画弧，回到胸口正前方成开始动作。（见图 4.5.8）

图 4.5.6　　　　　　　　图 4.5.7　　　　　　　　图 4.5.8

（二）控制呼吸节奏的练习

1. 立圈—停—横圈（后拉抱气）

开始动作：两脚开略三步宽成高马步，膝关节微曲，上体伸直，双手臂前平举，掌心相

对,肘关节微曲。(见图4.5.9)

吸气:手臂向下向后画弧至后背两侧。闭住呼吸,默数5次。(见图4.5.10)

呼气:掌心向前,手臂由后向前画弧,至开始动作。(见图4.5.9)

图4.5.9   图4.5.10

2. 正圈—停—正圈(葫芦圈)

开始动作:两脚开略三步宽成高马步,膝关节微曲,上体伸直,双手臂前平举,掌心向下,肘关节微曲。(见图4.5.11)

吸气:手臂连续向外、向内画2个半圈,然后闭住呼吸,默数5次。(见图4.5.12)

呼气:手臂向上前举成开始姿势。(见图4.5.13)

图4.5.11   图4.5.12   图4.5.13

3. 单手：正圈—停—反圈（以右手为例）

开始动作：两脚开略三步宽成高马步，膝关节微曲，上体伸直，右手臂前平举，掌心向前，肘关节微曲。（见图 4.5.14）

吸气：手臂顺时针画一圈，至开始动作。闭气，默数 5 次。（见图 4.5.15）

呼气：手臂逆时针画一圈，至开始动作。

图 4.5.14　　　　　　　　　　　图 4.5.15

（三）脊柱调整与开胸练习

1. 腰胯旋转

开始动作：两脚开立肩宽成高马步，膝关节微曲，两手扶胯。（见图 4.5.16）

吸气：两胯（双手扶髋位置）顺时针方向转动两圈。（见图 4.5.17、图 4.5.18）

呼气：动作不停，继续转两圈。

10 次呼气后，胯部逆时针转到重复上述动作。

图 4.5.16　　　　　　　　图 4.5.17　　　　　　　　图 4.5.18

2. 转肩与开胸

开始动作:两脚开立肩宽成高马步,膝关节微曲,两手大拇指扶两肩前部。(见图4.5.19)

吸气:两肘顺时针方向转到两圈。(见图4.5.20)

呼气:动作不停,继续转两圈。(见图4.5.21)

10次呼气后,肘部逆时针转到重复上述动作。

图4.5.19　　　　　　　　图4.5.20　　　　　　　　图4.5.21

3. 脊柱整体调整

开始动作:两脚开立肩宽成高马步,膝关节微曲,两手放松自然落于身体两侧。(见图4.5.22)

吸气:依次缓慢挺髋、顶腹、提胸、仰脖,让脊柱自下而上运动一次。(见图4.5.23~4.5.26)

呼气:身体逐渐回到开始动作。

图4.5.22　　　　图4.5.23　　　　图4.5.24　　　　图4.5.25　　　　图4.5.26

(四)提高平衡能力的练习

1. 单脚提飞式(以右侧为例)

开始动作:两脚开立肩宽成高马步,重心偏向左侧,膝关节微曲,两手放松自然落于身体两侧。(见图4.5.27)

吸气:缓慢提右膝,身体逐渐站直,两掌心向下,两侧手臂上抬成侧平举位置。(见图4.5.28)

呼气:逐渐还原成开始动作。

左右式一起练习。

图4.5.27　　　　　　　　图4.5.28

2. 金鸡独立式(以右侧为例)

开始动作:单脚撑地,另一侧脚提膝弯曲,双手撑圆,掌心向下,维持身体平衡。(见图4.5.29)

吸气动作:膝关节向外水平方向画圆,收回成脚尖虚点地姿势。(见图4.5.30)

呼气动作:保持姿势,缓慢呼气,并逐渐提膝成开始动作。

图4.5.29　　　　　　　　图4.5.30

（五）坐式练习

1. 撑掌前伸

开始动作：端坐姿势，双手自然向前平举，掌心向下。（见图 4.5.31）

吸气：挺胸，双手回拉至肩上。（见图 4.5.32）

呼气：掌心向前，缓慢推出。（见图 4.5.33）

 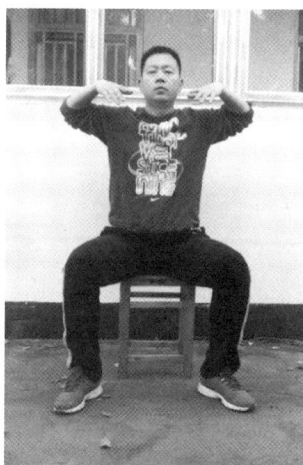 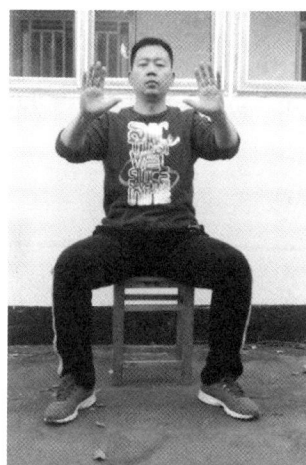

图 4.5.31　　　　　　　　图 4.5.32　　　　　　　　图 4.5.33

2. 提掌斜推（左右连式）

开始动作：端坐姿势，双手自然放在膝关节上，掌心向下。（见图 4.5.34）

吸气：挺胸，双手掌心相对上下斜拉，眼看上方手掌。（见图 4.5.35）

呼气：缓慢还原，胸前交错。

下次吸气，换方向，变为另一侧手在上方。（见图 4.5.36）

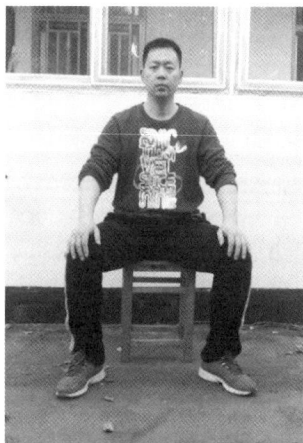  

图 4.5.34　　　　　　　　图 4.5.35　　　　　　　　图 4.5.36

3. 扶膝转腰

开始动作:端坐姿势,双手自然放在膝关节上,掌心向下。(见图4.5.37)

吸气:挺胸,上体自左向后再右旋转。(见图4.5.38)

呼气:身体自右侧向前再左旋转。(见图4.5.39)

重复上述动作10次,再反方向练习。

 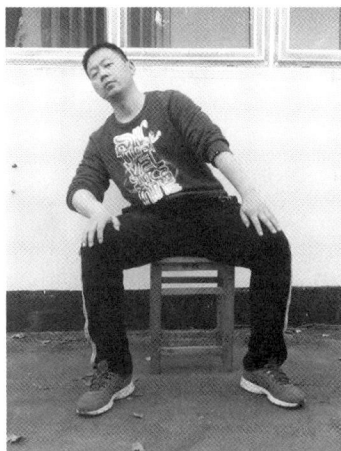 

图4.5.37　　　　　　　图4.5.38　　　　　　　图4.5.39

三、练习养生太极拳的注意事项

本套养生太极拳动作简单,便于记忆和练习,可以选择其中几个动作进行有针对性的训练,也可以整套练习。主要需要注意的有:

(1)左右式共同练习

本套太极拳所有动作都是按照左右侧同练的方式编创的,对于弱侧的练习可以由少到多、由易到难逐渐训练。

(2)动作紧密配合呼吸

所有的动作都有明确的呼吸方法和节奏,且需要动作限制和控制呼吸进行练习。

(3)身心放松进行训练

养生太极拳可以配以轻柔音乐或看着电视进行训练,不需着力动作,且不提倡蓄力发劲。

(4)逐步达到呼吸绵长

养生太极拳的核心是通过动作来调整呼吸,而绵长的呼吸方式并非初练即可达到的,尤其是中老年练习者更不宜有意憋气,要通过逐渐放慢动作来控制呼吸。这需要一定的训练时间,且和自己身体状态有关,不能强求,也不宜和别人比较。

第六节　健身气功

一、健身气功概述

现代社会,随着人们经济生活水平的提升,健康和养生成为大众普遍关心的话题。健身气功作为一种独特的养生方法,在我国有着极为悠久的历史,其起源可追溯到上古时期原始人类的朴素养生观念,经数千年传承发展,逐步形成了丰富的内涵和完善的体系,是中华传统文化的重要组成部分。在众多养生方法中,健身气功因习练强度适中、动作难度适宜、练习功效明显而得到了社会的高度认可和大众的广泛喜爱。随着社会需求的多元化发展,以及由于健身气功本身所具有的形式多样、动作简单、功效显著等优点,其在当前的社区体育领域占据着牢固的群众基础。健身气功是气功的一种,是传统气功的延伸和发展。它是我国优秀的传统保健项目,是东方体育文化的瑰宝。习练健身气功可以达到祛病、健身、延年益寿的作用,《吕氏春秋·古乐篇》中记载道:"昔陶唐之始,阴多滞厌而甚积,水道壅塞,不行其原,民气郁瘀而滞着,筋骨瑟缩不达,故作为舞以宣导之。"这里所提到的"舞",指的是运用身体活动的方法来祛病健身。健身气功在气功和体育运动之间找到了接近和重合之处,成为二者的结合点。健身气功要求心、形、意三者和谐统一,既发挥了气功的肢体、呼吸和心理活动的优势,又体现了体育运动的健身目的。增减之间,重合之处,形成了健身气功独到的运动形式,使其区别于其他体育运动项目。

在现代社会生活中,健身常与体育运动联系在一起,例如"健身操""健身舞"等,这种联系的方式方法是有其必然性的,健身体现出了体育运动的基本精神和主要目的,而体育运动使健身的目的得以充分展现。可以说体育运动是包括健身在内的各类身体活动的总称。习练健身气功能够增强大众的心理素质,改善生理功能,提高生存质量,提升道德修养,且具有独特的文化魅力,在全民健身活动中发挥着不可替代的作用。健身气功是中国优秀传统文化的重要组成部分,运用肢体运动松静自然,呼吸吐纳、深细匀长,运用意念使心情怡悦,具有促进身体阴阳平衡、经络疏通、强筋健骨等全面改善身体素质的功能,且动作简单、老少皆宜、经济实用。

为了增加大众对健身气功的了解,推广健身气功新功法,2000年9月国家体育总局颁布《健身气功管理暂行办法》(现已废止),对健身气功的概念进行界定,指出健身气功是以自身形体活动、呼吸吐纳、心理调节相结合为主要运动形式的民族传统体育项目,是中华悠久文化的组成部分。2006年11月,国家体育总局颁布的《健身气功管理办法》,继续沿用了这一概念。

二、健身气功礼仪要求

在习练健身气功时,其中的健身气功礼仪很有讲究,共分为四部分进行:第一,两脚并步,调匀呼吸,心平气和,身体自然直立,眼睛目视前方;第二,双手虎口交叉相握,叠于腹部；第三，弯腰躬身（保持30°鞠躬），目视前下方，停留片刻即可；第四，上身直立，两手自然下垂，目视前方。

三、锻炼方式介绍

健身气功作为中华民族传统文化的瑰宝，以其简单易学、动作舒缓、内涵丰富、对场地器械要求不高、健身效果明显等特点，已经成为大众喜闻乐见的健身项目之一。现流行的健身气功主要有健身气功·八段锦、健身气功·五禽戏、健身气功·易筋经和健身气功·六字诀四个健身气功新功法。健身气功·八段锦以天人合一的整体观思想观为指导，重视对身体中的意、气、形的锻炼，由八个基本动作组成，并且增加了预备势和收势动作，使整套动作更加科学、合理。健身气功·五禽戏主要按照五禽的风格特点，创编了虎、鹿、熊、猿、鸟五戏，每戏有两个动作，注重五戏之意境，强调形神兼备、意气相随。健身气功·易筋经沿用了传统易筋经的精要，并结合现代大众的需求对习练内容进行了丰富和发展，其动作舒展大方、易学易练。健身气功·六字诀结合六字诀功法调息的内在规律和传统中医学的原理，确定了嘘、呵、呼、呬、吹、嘻六字的规范发音和配套动作，以轻柔的开合动作，辅助于六音吐纳，从而达到调理人体脏腑气血平衡之功能。

（一）健身气功·八段锦

1. 概述

八段锦起源于宋代，因其动作操练简单，健身效果明显，深受人们的喜爱，至今已有上千年的传承历史。它是以自身形体活动、呼吸吐纳、心理调节相结合为要素的民族传统运动方法。八段锦因其动作舒展优美、安全有效、简单易行而被大众视为丰富精神生活和增强体魄的健身养生运动项目。八段锦整套功法分为八段，每段一个动作，故名为"八段锦"。八段锦的"八"字，不单指段、节和八个动作，还表示其健身功法有多种要素，相互制约，相互联系，循环运转。

从文献资料来看，八段锦最早出现在南宋洪迈所著《夷坚志》中："政和七年，李似矩为起居郎……尝以夜半时起坐，嘘吸按摩，行所谓八段锦者。"说明八段锦在宋代已经流传于社会。八段锦究竟为何人、何时所创，现尚无定论，但可以说八段锦是历代养生家和习练者共同的知识财富。明代高濂在著作《遵生八笺》中阐述了"八段锦导引法"："子后午前做，造化合乾坤。循环次第转，八卦是良因。"古人把八段锦动作比喻为"锦"，意为五颜六色，美而华贵。除此之外，"锦"字还可理解为单个导引术式的汇集，如丝锦那样连绵不断，是一套完整的健身方法。

国家高度重视民族传统体育项目的传承与发展，比如八段锦。1957年，人民体育出版社创编了《八段锦》一书，其内容符合大众的认知度，奠定了八段锦在现代的研究与推广基础。随着八段锦自身的价值凸显，习练八段锦的人数也逐年增加，进入20世纪80年代后，八段锦已经作为民族传统体育项目进入校园。这些都极大地促进了八段锦的发展，丰富了八段锦的内涵。

2. 动作功法特点

（1）动作连贯，柔和灵活

习练者在进行健身气功·八段锦功法练习时动作要体现出动作连贯、舒展大方、轻松自如、虚实分明。健身气功·八段锦练习要求动作的虚实变化和姿势的转换衔接，其习练内容没有停顿断续之处，追求达到体态安详、气沉丹田、心神宁静、疏通经络和强身健体的效果。

（2）动静结合，松紧呼应

健身气功·八段锦习练者需要肌肉、关节以及全身放松。在中枢神经系统的主动支配下，逐步达到呼吸柔和、心神宁静，保持松而不懈的身体姿态，并将这种放松程度不断加深。同时，在习练健身气功·八段锦动作的过程中身体部位要适当地用力，并且要求动作缓慢，主要体现在前一个动作的结束和后一个动作的开始之前。在习练动作的过程中，动作的表现形式需要贯穿动作的始终。动作的松和紧配合适度，有助于平衡阴阳、强筋壮骨、增强体质。适当的用力和延长练习时间，能够使相应的身体部位受到一定的强度刺激，有助于增强锻炼的效果。

（3）神形合一，兼外寓内

健身气功·八段锦表现在人体的精神状态和正常的意识活动，以及在意识支配下的形体展现上。"神为形之主，形乃神之宅"，神与形是相互联系、相互促进的整体。健身气功·八段锦功法每式动作以及动作之间充满了对称与和谐，体现出内实精神、外示安逸、虚实相生、刚柔相济，做到了意动形随、神形兼备。通过精神的修养和形体的锻炼，可以促进意气在体内的运行，以达到强身健体的功效。习练本功法时，要保持呼吸顺畅，不可强吸硬呼。

3. 动作练习要领

（1）保持松静自然

松静自然，是练习的基本要领。在练习过程中精神和形体上要放松，主要是解除心理和生理上的紧张状态，让关节、肌肉、脏腑的放松，促使形体、呼吸、意念轻松舒适无紧张之感。练习时排除一切杂念，思想和情绪要平稳安宁，入静可以促进放松，而放松又有助于入静，二者缺一不可。同时，一动一势要准确规范，呼吸要自然，不能强吸硬呼，过于用意会造成气滞血淤，导致精神紧张。需要练习者在练习过程中逐步把握动作要领。

（2）身体柔和灵活

在学习初始阶段的姿势与方法要正确，合乎规范。在锻炼时，要认真体会身体各部位的要求和要领。在学习各动作时，要对动作的路线、虚实、松紧分辨清楚，对动作幅度的大小、姿势的高低、呼吸的调整，都要根据自身情况灵活掌握。

（3）注重练养兼得

练，是呼吸调整和心理调整的锻炼过程。养，是通过练习，身体上出现轻松舒适、呼吸柔和的状态。在初学阶段应把重点放在动作的规范上，动作熟练后要遵循动作原则进行练习。练与养，是并存的，不可截然分开，应做到练中有养、养中有练。练与养在日常生活中也有着密切的关系，能做到饮食有节、起居有常，保持积极向上的乐观情绪，将有助于提高练习效果,增进身心健康。

（4）遵循循序渐进

健身气功·八段锦对于初学者来说有一定的学习难度和运动强度。练习者要克服肌肉关节酸痛、动作僵硬、手脚配合不协调等问题。经过一段时间的习练,才会做到姿势逐步准确,动作的连贯性与控制能力得到提高,对动作要领的体会不断加深,对动作细节更加注意。此外,习练者更加要保持持之以恒的精神状态,循序渐进地进行练习,合理安排好运动量。

4. 动作的功理价值

预备势:调整呼吸,保持心神宁静,端正身体姿态,在精神与肢体上做好练习准备。

第一段:两手托天理三焦

两手交叉相托,缓慢用力,使胸腹保持拉伸状态,拉长躯干与上肢周围的肌肉以及肩关节的软组织。该式对防治肩部疾病、预防颈椎病,具有良好的作用。

第二段:左右开弓似射雕

通过左右拉弓的状态来扩胸展肩,可刺激背部神经经络。同时,屈膝下蹲动作可有效发展下肢肌肉力量,提高协调平衡能力,增加前臂和手部肌肉的力量,提高手腕关节及指关节的灵活性,有利于预防肩、颈疾病的发生。

第三段:调理脾胃需单举

通过左右手臂的上下对拉,可以牵拉腹部,对脾胃、肝胆起到按摩作用。同时,可以刺激腹、胸部的经络,达到调理脾胃和脏腑经络的作用。可使脊柱、椎骨间的关节及肌肉得到锻炼,从而增强脊柱的灵活性与稳定性,有利于预防和治疗肩、颈疾病。

第四段:五劳七伤往后瞧

"五劳"是指心、肝、脾、肺、肾;"七伤"指喜、怒、悲、忧、恐、惊、思。通过手臂伸直外旋扭转的拉伸作用,可以扩张牵拉胸腔、腹腔内的脏腑。在动作中往后瞧的转头动作,可刺激颈部的大椎穴,达到防治"五劳七伤"的目的。此外,增加颈部运动的活动幅度,可预防肩、颈与背部疾患,同时,改善颈部及脑部血液循环,有助于解除中枢神经系统疲劳。

第五段:摇头摆尾去心火

心火,是指心热火旺的病症,属阳热内盛的病机。通过两腿下蹲摆动,可刺激背部脊柱穴位;通过摇头,可刺激大椎穴,从而达到疏经泄热的作用,有助于去除心火。在摇头摆尾过程中,脊柱腰段、颈段大幅度侧屈、环转及回旋,可使整个脊柱的头颈段、腰腹及臀、股部肌群参与收缩,既增加了颈、腰、髋的关节灵活性,也增强了这些部位的肌力。

第六段:两手攀足固肾腰

通过身体的前屈后伸,可刺激脊柱、腰部、膝关节穴位,有助于防治生殖泌尿系统方面的慢性病,达到强身健体的作用。经过脊柱大幅度前屈后伸,可有效发展躯干前、后伸屈脊柱肌群的力量与伸展性,同时对腰部的器官有良好的牵拉、按摩作用。

第七段:攒拳怒目增气力

攒拳怒目可刺激肝经,使肝血充盈,肝气疏泄,有强健筋骨的作用。同时,两腿下蹲、双手攒拳、旋转手腕、手指抓握等动作,刺激手、足的俞穴和督脉,使全身肌肉、筋脉受到静力牵张刺激,长期锻炼可使全身筋肉结实,气力增加。

第八段:背后七颠百病消

通过脚部位用力抓地,可刺激足部经脉,调节脏腑的功能。颠足可刺激脊柱与督脉,使全身脏腑经络气血通畅,达到阴阳平衡。同时,颠足可发展小腿后部肌群力量,拉长足底肌肉、韧带,提高人体的平衡能力。此外,脚掌落地震动可轻度刺激下肢及脊柱各关节,并使全身肌肉得到放松,有助于消除肌肉紧张。

收势:两掌合于腹前,气沉丹田,放松肢体肌肉,体态安详,进一步巩固练功效果,逐渐恢复到练习前安静时的状态。

(二)健身气功·五禽戏

1. 概述

五禽戏是东汉时期的名医华佗根据古代导引、吐纳之术,研究了虎、鹿、熊、猿、鸟的活动特点,并结合人体脏腑、经络和气血的功能所编成的一种独特的体育养生项目。五禽戏因养生功效显著,在创编之后流传广泛。20世纪80年代,国家体育运动委员会为了更好地发挥出五禽戏的时代价值,组织社会力量复原创编出具有时代价值特点的健身气功·五禽戏。经过多年的实践和完善,健身气功·五禽戏已逐渐成为一种流行的健身运动方式,深受人众健身气功习练者的欢迎。五禽戏作为优秀的传统体育文化遗产,以养生文化内涵丰富、运动风格特色鲜明的传统体育文化得到了越来越广泛的认同与实践,为大众健身做出了贡献。

五禽戏的起源可以追溯到我国远古时期。据史料记载,当时中原大地江河泛滥,湿气弥漫,不少人患有于关节不利的重症,为此,"乃制为舞""以利导之"。具有"利导"作用的"舞",正是远古时期中华气功导引的一种萌芽。《庄子》中说:"吹呴呼吸,吐故纳新,熊经鸟申,为寿而已矣。"其中,"熊经鸟申",就是对古代养生之士模仿动物姿势习练气功的生动而形象的描绘。从以上记载不难看出,仿生类导引在当时社会已经有了一定的发展,五禽戏的出现是古代仿生导引养生理论与实践的一个新阶段。

五禽戏发展至今,总的来看都是根据五禽的动作,结合自身练功体验所编的导引法,以活动筋骨、疏通气血、防病治病为目的。五禽戏的动作编排按照《三国志·华佗传》的记载,顺序为虎、鹿、熊、猿、鸟,动作简单易学。五禽戏为10个动作,每戏2个动作,并在功法的开始和结束增加了起势调息和引气归元,体现了形、意、气的合一,符合习练者运动的规律。动作仿效虎之威猛、鹿之安舒、熊之沉稳、猿之灵巧、鸟之轻捷,力求蕴含五禽的神韵,形神兼备,意气相随,内外合一。五禽的特点,配合中医脏腑、经络学说,既有整体的健身作用,又有每一戏的特定功效。

2. 动作功法特点

(1)动作简单,左右对称

健身气功·五禽戏动作简单,左右对称,平衡发展,运动量较为适中,属于有氧运动,练习者可根据自身情况调节每式动作的运动幅度和强度,内容安全可靠。虽然动作相对简单,但每一动作无论是动态姿势还是静态姿势,都有细化、精化的余地。如:"虎举"中手形的变化,就可细化为撑掌、屈指、拧拳三个过程;两臂的举起和下落,又可分为提、举、拉、按四个阶段,并将内劲贯注于动作的变化之中,眼神要随手而动,带动头部的仰俯变化。习练者可根据自己的身体条件和健康状况,循序渐进,逐步提高。

（2）拉伸筋骨,活动关节

健身气功·五禽戏动作体现了身体的全方位运动,包括前俯、后仰、侧屈、拧转、折叠、提落、开合、缩放等各种不同的姿势,对颈椎、胸椎、腰椎等部位进行了有效的锻炼。总的来看,健身气功·五禽戏以腰为主轴,带动上、下肢体运动,增强健身功效。健身气功·五禽戏的动作主要是以身体的关节运动为主,其目的是加强身体中远端血液的循环。

（3）意气统一,身心放松

健身气功·五禽戏是以模仿动物姿势为主的功法,根据动作的形象特点,做出仿效。外形动作既要仿效虎之威猛、鹿之安舒、熊之沉稳、猿之灵巧、鸟之轻捷,还要力求蕴含五禽的神韵,意气相随,内外合一。例如"熊运"动作,外形动作为两手在腹前画弧,腰、腹部同步摇晃,实则要求气守丹田也要随之运气,呼吸之气也要按照提吸落呼的规律去做,以达到气沉丹田的要求。习练过程中在保持正确姿势的前提下,各部分肌肉应保持放松,做到动作不僵硬,不拿劲,不软塌。只有肢体松沉自然,才能做到以气养神,气血通畅,从而增强体质,达到锻炼的效果。

（4）动静结合,练养相兼

健身气功·五禽戏模仿五禽的动作和姿势,体现出肢体舒展、活络筋骨,同时在功法的起势、收势以及每一戏结束后,配以短暂的静功站桩,来诱导习练者进入相对平稳的状态和五禽的意境,以此来调整气息、心神宁静,起到外静内动的功效。动静的有机结合,起到练养相兼的互补作用,可进一步提高练功效果。

3. 动作练习要领

（1）身体姿势

古人云"形不正则气不顺、气不顺则意不宁、意不宁则神散乱",说明了姿势在练功中的重要性。在练习健身气功·五禽戏时,头正身直,含胸垂肩,体态自然,呼吸要调匀。开始练习每戏时,要根据动作的名称含义,做出与之相适应的动作造型,努力做到"演虎像虎""学熊似熊"。特别是对动作的起落、高低、轻重、缓急、虚实要分辨清楚,不僵不滞,柔和灵活,以达到"引挽腰体,动诸关节,以求难老"的练习功效。

（2）精气神态

从健身气功·五禽戏的动作和姿势来看,养生之道在于"形、神、合"。习练者应当做到"唯神是守"。只有"神"守于"中",而后才能"形"全于"外"。所谓"戏",有玩耍、游戏之意,这也是健身气功·五禽戏与其他健身气功功法的不同之处。只有掌握五禽的神态,动作形象才可能逼真。虎戏要仿效虎的威猛气势,虎视眈眈;鹿戏要仿效鹿的轻捷舒展,自由奔放;熊戏要仿效熊的憨厚刚直,步履沉稳;猿戏要仿效猿的灵活敏捷,轻松活泼;鸟戏要仿效鹤的昂首挺立,轻盈潇洒。

（3）坚定意念

《黄帝内经》认为,心为五脏六腑之主,心动则五脏六腑皆摇。这里的"心"是指大脑,说明人的思维活动和情绪变化都可能影响五脏六腑的功能。因此,在习练过程中,要尽可能排除不利于身体健康的情绪,创造一个美好的内环境。例如:习练每戏时,要进入五禽的意境,模仿出不同动物的动作。练虎戏时,要意想自己是深山中的猛虎,伸展肢体,抓捕食物;练鹿戏时,要意想自己是原野上的梅花鹿,众鹿戏抵,伸足迈步;练熊戏时,要意想自己是山林中的黑熊,转腰运腹;练猿戏时,要意想自己是置于花果山中的灵猴,活泼灵巧,摘桃献果;练鸟戏时,要意想自己是江边仙鹤,伸筋拔骨,展翅飞翔。意随形动,气随意行,达到意、气、形合一,以此来疏通经络,调畅气血。

（4）调和气息

练习者应有意识地调整呼吸,不断去体会、掌握与动作变化相适应的呼吸方法。初学者应先学会动作,明确其中的含义,使姿势达到准确。练习健身气功·五禽戏时,要做到呼吸和动作的配合有规律,可根据姿势的不同变化而选用呼吸方式,不管选用何种呼吸形式,都要求松静自然,不能憋气。同时,呼吸的量和劲都不能太过,逐步达到缓慢、细匀、深长的程度,以利身体健康。

4. 动作的功理价值

预备势:调和气息,心神宁静,调理气机。

第一戏:虎戏

第一式:虎举

通过两手上举,使体内吸入清新气体;再者两掌向下按掌,呼出体内浑浊气体,疏通五脏六腑的气机,调理人体的内环境。手指由"虎爪"变拳,增强握力,改善上肢远端关节的血液循环。

第二式:虎扑

虎扑动作形成了以髋关节为轴进行前后伸展运动,尤其是引腰前伸动作,增加了脊柱各关节的柔韧性和伸展度,使脊柱保持正常的生理弧度。脊柱运动能增强腰部肌肉力量,对常见的腰部疾病,如腰肌劳损、习惯性腰扭伤有防治作用。

第二戏:鹿戏

第三式:鹿抵

做鹿抵动作时通过腰部的侧屈拧转,使整个脊椎充分旋转,可增强腰部的肌肉力量,也可防治腰部的脂肪沉积。在目视后脚脚跟时,加大腰部在拧转时的侧屈程度,主要是拉伸腰椎小关节。

第四式:鹿奔

做鹿奔动作时两臂内旋前伸,肩和背部肌肉得到牵拉,对颈肩综合征、肩关节周围炎症有防治作用。躯干部位处于弓背收腹状态能矫正脊柱畸形,增强腰、背部肌肉力量。在向前落步时,气沉丹田。身体重心后坐时,气运至命门,加强了气的交流。尤其是重心后坐,整条脊柱后弯,打开背部经络,意在疏通督脉经气,具有振奋全身阳气的作用。

第三戏:熊戏

第五式:熊运

熊运是活动腰部关节和肌肉,可防治腰肌劳损及软组织损伤。在腰腹转动时,两掌画圆,引导内气运行,可加强脾、胃的运化功能。运用腰、腹摇晃,对身体的消化器官进行体内按摩,可防治消化不良、便秘腹泻。

第六式:熊晃

熊晃使身体左右晃动,意在调理肝脾。提髋行走,加上落步的微震,可增强髋关节周围肌肉的力量,提高平衡能力,有助于防治下肢无力、髋关节损伤、膝痛等症状。

第四戏:猿戏

第七式:猿提

猿提动作是由两掌上提时,通过缩项、耸肩、含胸,挤压胸腔和颈部血管。在两掌下按时,颈伸、沉肩、松腹,扩大胸腔体积,可增强呼吸,按摩心脏,改善脑部的血液循环。做提踵直立动作,可增强腿部力量,提高平衡能力。

第八式:猿摘

猿摘的眼神是左顾右盼,有利于颈部运动,促进脑部的血液循环。模拟猿猴在采摘桃果时愉悦的心情,可减轻大脑神经系统的紧张度,对神经紧张、精神忧郁症状有防治作用。

第五戏:鸟戏

第九式:鸟伸

两掌上举吸气,扩大胸腔的容积。两手下按,气沉丹田,可促使肺部的气体不断更新,增加肺活量,改善慢性支气管炎、肺气肿等。

第十式:鸟飞

两臂上下运动,改变胸腔的容积,加上配合呼吸运动,可起到按摩心肺的作用,增强血氧交换的能力。通过拇指、食指的上翘紧绷,意在刺激上肢的经络,加强肺部的空气流通,提高心肺功能。提膝独立,可提高人体的平衡能力。

收势:收势动作使气息逐渐平和,将练习时所得体内、体外之气,引入丹田,起到通气血、理脏腑的功效。通过搓手、浴面,恢复常态。

(三)健身气功·易筋经

1. 概述

易筋经是我国古代流传下来的健身养生方法,在我国传统养生功法和民族传统体育发展中有着较大的影响力。易筋经具有强健体魄、预防疾病、延年益寿的效果,长期在佛家及民间习武人士中广为流传。

易筋经源自我国古代导引术,发展历史悠久。据考证,导引是由原始社会的"巫舞"发展而来的,到春秋战国时期成为养生家所必习的内容。《庄子·刻意篇》记载有:"吹呴呼吸,吐故纳新,熊经鸟申,为寿而已矣。此导引之士,养形之人,彭祖寿考者之所好也。"《汉书·艺文志》《黄帝杂子步引》《黄帝歧伯按摩》等都有记载有关导引的内容,说明导引术曾兴盛一时。另外,在湖南长沙马王堆汉墓出土的帛画《导引图》中有四十多幅各种姿势的导引动作,分解这些姿势可以发现,现今流传的易筋经基本动作都能从中找到原型。

易筋经为何人所创,历来众说纷纭。从现有文献看,在易筋经的发展过程中,少林寺僧起到了重要作用。大多认为易筋经、洗髓经和少林武术等为达摩所传。根据史料记载,达摩所传禅宗主要以河南嵩山少林寺为主。由于禅宗的修持以静坐为主,坐久则气血闷滞,须以武术、导引术来活动筋骨。因此,隋唐年间,在河南嵩山一带盛传武术及导引术。少林寺僧侣也借此来活动筋骨,习武健身,并在这个过程中不断对其进行修改、完善、补充,使之成为一种独特的习武健身方式。另外,唐豪先生曾对易筋经做了详细的考证。他在《少林武当考》中指出:"此书疑是羽流所作,托名达摩以售其欺者耳。"这些都表明,易筋经源自中国传统文化。健身气功·易筋经是对优秀传统文化的继承和发展,是在传统易筋经的基础上依据传统健身养生理论和现代健身养生理论而创编的健身养生新功法。

流传至今的易筋经十二势版本,最早载于清代咸丰八年(1858)潘蔚辑录的《内功图说》中。总的来看,传统易筋经侧重于从宗教、中医、阴阳五行学说等视角对功理、功法进行阐述,并且形成了不同流派,收录于不同的著作中。健身气功·易筋经继承了传统易筋经十二势的精要,融科学性与普及性于一体,其格调古朴,蕴含新意:各动作是连贯的有机整体,动作注重伸筋拔骨,舒展连绵,刚柔相济;呼吸要求自然,动息相融;并以形导气,意随形走;易学易练,健身效果明显。

2. 动作功法特点

(1)舒展伸筋

健身气功·易筋经的每一动作,都要求由较充分的屈伸、外展内收、扭转身体等动作组成,从而使人体的骨骼呈现多方位和广角度的身体活动。其目的就是要通过运动舒展筋骨,牵拉人体各部位的大小肌群和筋膜,以及大小关节处的肌腱、韧带、关节囊等结缔组织,促进活动部位软组织的血液循环,改善软组织的新陈代谢,提高肌肉、肌腱、韧带等软组织的柔韧性、灵活性和骨骼、关节、肌肉等组织的活动功能,达到强身健体的目的。

(2)匀称协调

健身气功·易筋经是在传统"易筋经十二定势"的基础上进行的改编,增加了动作之间的连接。整套动作的运动方向,为前后、左右、上下。肢体运动的幅度,是以关节为中心的活动角度所呈现的身体活动范围。动作要求匀速缓慢地移动身体。动作力量上,要求肌肉相对放松,不使蛮力,不僵硬,刚柔相济。每个动作之间无繁杂和重复动作,要求机体整体协调运动。因此,健身气功·易筋经呈现出动作舒展、连贯、柔畅、协调、动静相兼的特点。

(3)脊柱屈伸

脊柱是由椎骨、韧带、脊髓组成的,具有支持体重、运动、保护脊髓的作用。脊柱旋转屈伸有利于刺激脊髓和运动神经,以增强其控制和调节功能。健身气功·易筋经的主要运动形式是以腰为中心的脊柱旋转屈伸运动,例如"九鬼拔马刀势"中的脊柱左右旋转屈伸动作,"打躬势"中的椎骨拔伸前屈,"掉尾势"中的脊柱前屈并在反伸的状态下做侧屈、侧伸动作。因此,健身气功·易筋经是通过脊柱的旋转屈伸运动以带动四肢、内脏的运动,在松静自然、形神合一中完成动作,达到健身、防病、延年、益智的目的。

3. 动作练习要领

(1)意识平静,意随形走

习练健身气功·易筋经要求意识平静,不做任何附加的意念引导。在习练中,以调身为主,通过动作变化导引气的运行,做到意随形走,起到健体养生的作用。同时,在某些动作中,需要适当地配合意识活动。如:"韦驮献杵第三势"中双手上托时,要求用意念观注两掌;"摘星换斗势"中要求目视上掌。而另一些动作虽然不要求配合意存,但要求配合形象的意识思维活动。如:"三盘落地势"中下按、上托时,两掌有如拿重物;"出爪亮翅势"中伸肩、撑掌时,两掌有排山之感。这些都要求意随形走,用意要轻,似有似无。

(2)呼吸柔和,首尾一贯

习练健身气功·易筋经时,要求呼吸柔和,以利于身心放松、心平气和。所以要呼吸柔和,动作与呼吸始终保持柔和协调的关系。此外,在习练健身气功·易筋经的过程中要主动配合呼吸。如:"韦驮献杵第三势"中双掌上托时吸气;"九鬼拔马刀势"中展臂扩胸时吸气,松肩收臂时呼气,含胸合臂时呼气,起身开臂时吸气。因为人体胸廓会随着这些动作的变化而扩张或缩小,吸气时胸廓会扩张,呼气时胸廓会缩小。因此,在习练健身气功·易筋经时,应配合动作,随胸廓的扩张或缩小而吸气或呼气。

(3)刚柔并济,虚实相兼

健身气功·易筋经动作有刚有柔,且刚与柔是在不断相互转化的,是阴阳对立统一的辩证关系。如:"倒拽九牛尾势"中,双臂内收旋转逐渐拽拉至止点是刚,为实;随后身体以腰转动带动两臂伸展至下次收臂拽拉前是柔,为虚。要求习练者在用力之后适当放松,松柔之后尚需适当有刚。这样,动作就不会出现机械僵硬或疲软无力的松弛状况。因此,习练者应做到刚与柔、虚与实的协调配合。否则,用力过刚,则会出现动作僵硬,影响呼吸,动作过柔,则会出现疲软,起不到良好的健身作用。

4. 动作的功理价值

预备势:心神宁静,气沉丹田,调整呼吸,端正身体姿态。

第一式:韦驮献杵第一势

两掌相合的动作,起到了均衡身体气机的作用,可以改善神经调节功能,有助于血液循环,消除身体疲劳。

口诀:立身期正直,环拱手当胸,气定神皆敛,心澄貌亦恭。

第二式:韦驮献杵第二势

上肢的伸展和立掌外撑的动作,起到了疏理上肢经络的作用,并具有调练心肺功能和改善呼吸功能及气血运行的作用,还可提高肩、臂的肌肉力量,有助于改善肩关节的活动范围。

口诀:足趾挂地,两手平开,心平气静,目瞪口呆。

第三式:韦驮献杵第三势

上肢用力上举和下肢提踵的动作,可调理五脏六腑之气,并且将人体的五脏六腑之气全部发动,具有改善肩关节活动及提高上下肢的肌肉力量,促进全身血液循环的作用。

口诀:掌托天门目上观,足尖着地立身端,力周髋胁浑如植,咬紧牙关不放宽,舌可生津将腭抵,鼻能调息觉心安,两拳缓缓收回处,用力还将挟重看。

第四式:摘星换斗势

手掌位置互换,同时,做掌心位置向下移动的动作,眼睛目视右手掌心,下沉入腰间两肾及背后,可达到壮腰健肾、延缓衰老的功效。

口诀:只手擎天掌覆头,更从掌内注双眸,鼻端吸气频调息,用力收回左右侔。

第五式:倒拽九牛尾势

通过腰的旋转扭动,带动肩胛部位活动,可刺激背部穴位,达到疏通背部经络和调练心肺的作用,并且利用上、下肢体互相协调活动,可改善软组织血液循环,提高四肢的活动能力。

口诀:两髋后伸前屈,小腹运气空松,用力在于两膀,观拳须注双瞳。

第六式:出爪亮翅势

通过上肢的伸臂推掌、屈臂收掌、展肩扩胸的动作,可反复启闭腹部等穴位,促进自然之清气与人体之真气在胸口中交汇融合,达到改善呼吸功能及全身气血运行的作用,还可提高胸背部及上肢的肌肉力量。

口诀:挺身兼怒目,推手向当前,用力收回处,功须七次全。

第七式:九鬼拔马刀势

通过对身体的拉伸、扭转活动,脾胃得到了摩动,肾得以强健,可提高颈肩部、腰背部的肌肉力量,有助于改善人体各关节的活动功能。

口诀:侧首弯肱,抱顶及颈,自头收回,弗嫌力猛,左右相轮,身直气静。

第八式:三盘落地势

通过下肢的屈伸活动,配合口吐"嗨"音,使体内的真气在胸腹间相应地融合,达到心肾相交、水火既济,可增强腰腹及下肢力量,起到壮丹田之气、强腰固肾的作用。

口诀:上腭坚撑舌,张眸意注牙,足开蹲似踞,手按猛如拿,两掌翻齐起,千斤重有加,瞪睛兼闭口,起立足无斜。

第九式:青龙探爪势

中医认为"两胁属肝""肝藏血,肾藏精",二者同源。通过转身、左右探爪及身体前屈,可使两胁交替松紧开合,达到疏肝理气、调畅情志的功效,还可改善腰部及下肢肌肉的活动功能。

口诀:青龙探爪,左从右出,修士效之,掌平气定。力周肩平,围收过膝,两目注平,息调心谧。

第十式:卧虎扑食势

通过虎扑之势,身体后仰,胸腹伸展,可使身体上的"任脉"得以疏伸及调养,同时可以调和手足三阴之气,改善腰腿肌肉活动功能,起到强健腰腿的作用。

口诀:两足分蹲身似倾,屈伸左右髋相更。昂头胸作探前势,偃背腰还似砥平,鼻息调元均出入,指尖着地赖支撑,降龙伏虎神仙事,学得真形也卫生。

第十一式:打躬势

通过头、颈、胸、腰、低椎逐节牵引屈、伸,背部的经络得到充分锻炼,可使全身经气发动,阳气充足,身体强健,亦可改善腰背及下肢的活动功能,强健腰腿。"鸣天鼓"有醒脑、聪耳、消除大脑疲劳的作用。

口诀:两手齐持脑,垂腰至膝间,头唯探胯下,口更啮牙关,掩耳聪教塞,调元气自闲,舌尖还抵腭,力在肘双弯。

第十二式:掉尾势

通过身体前屈及抬头、掉尾的左右屈伸运动,可使气脉在此前各动作锻炼的基础上得以调和,练功后全身舒适、轻松,还可强化腰背肌肉力量的锻炼,有助于改善脊柱各关节和肌肉的活动功能。

口诀:膝直膀伸,推手至地,瞪目昂首,凝神一志,起而顿足,二十一次,左右伸肱,以七为志,更作坐功,盘膝垂眦,口注于心,息调于鼻,定静乃起,厥功维备。

收势:通过上肢的上抱下引动作,可引气回归于丹田,可使全身肌肉以及关节放松。

(四)健身气功·六字诀

1. 概述

六字诀,又称六字气诀,是我国古代流传下来的一种养生方法,为吐纳法。它的最大特点是强化人体内部的组织机能,通过呼吸导引,充分诱发和调动脏腑的潜在能力来抵抗疾病的侵袭,防止随着人的年龄增长而出现过早衰老,其发展历史久远,流传广泛。历代都有关于六字诀的记载,各代的养生家或中医家从不同的角度对六字诀进行了不同的发展和补充。20世纪80年代开始,在社会中流传着不同形式的六字诀以及与六字诀相关的功法,其中马礼堂的"养气功六字诀"影响较大。

最早记载六字诀的文献资料见于南北朝时期梁代陶弘景所著《养性延命录》。陶弘景是道教茅山派代表人物之一,同时也是著名的中医学家。陶弘景在《养性延命录·服气疗病篇》中记载:"纳气有一,吐气有六。纳气一者,谓吸也;吐气六者,谓吹、呼、唏、呵、嘘、呬,皆出气也。……委曲治病。吹以去热,呼以去风,唏以去烦,呵以下气,嘘以散寒,呬以解极。"同时指出:"心脏病者,体有冷热,吹呼二气出之;肺脏病者,胸膈胀满,嘘气出之;脾脏病者,体上游风习习,身痒痛闷,唏气出之;肝脏病者,眼疼愁忧不乐,呵气出之。"这一描述较为清楚地阐述了六字诀的基本内容以及所治疗的对应病症。这是现存文献中最早对六字诀进行完整论述的著作,这些记载即后世六字诀的起源。

在南北朝之后,历代都有关于六字诀的记述,尤其在六字诀的方法理论及应用上有不少发展与补充。其中较具代表性的有:隋代佛教天台宗高僧智颜在其《童气功·六诀童蒙止观》中将六字诀用于佛学坐禅止观法门;唐代著名医学家孙思邈在《备急千金要方》中对陶氏六字诀的吐纳法进行了发展,"大呼结合细呼";唐代道教学者胡愔在其《黄庭内景五脏六腑补泄图》中,改变了六字与五脏的配合方式,改肺"嘘"为肺"呬",改心"呼"为心"呵",改肝"呵"为肝"嘘",改脾"唏"为脾"呼",改肾"呬"为肾"吹",另增胆"嘻"之法。《遵生八笺校注·延年去病笺》中记载:"春嘘明目木扶肝,夏至呵心火自闲,秋四定收金肺润,肾吹惟要坎中安,三焦嘻却除烦热,四季常呼脾化餐,切忌出声闻口耳,其功尤胜保神丹。"其将六字诀与四季养生结合了起来。

从现有文献来看,明代以前的六字诀不配合肢体动作活动,只是单纯的吐纳功夫。明代以后,六字诀开始有了肢体动作,将吐纳与导引结合起来。例如,胡文焕的《类修要诀》和高濂的《遵生八笺》等著述中都有《去病延年六字法》总诀的记载:"肝若嘘时目睁精(精同睛),肺知呬气手双擎,心呵顶上连叉手,肾吹抱取膝头平,脾病呼时须撮口,三焦客热卧嘻咛。"这是最早的六字诀配导引动作的记述。虽然在宋代曾慥的《临江仙·八段锦》中,已将六字诀融入其中,作为八段锦的辅助练习,但这只是六字诀的应用,而不是独立的六字诀导引法。肢体动作的融入使得六字诀更加完整和实用,同时也增加了其体育属性。

从当代有关功法流派来看,众多健身功法虽有六字诀的相关应用,但与原始独立的六字诀功法已不完全相同,在武术功法中大多已变为助力练气的声法练习。马礼堂在研究养气功时,根据传统的六字诀文献,编创了"养气功六字诀",用于临床治病,在社会上有广泛影响。

根据现有的文献资料和健身气功·六字诀相关内容可知,六字诀流传到现在,在功法上已形成了较完整的体系,功法理论延续了唐宋以来按照中医五行五脏学说来阐述的主体框架,对呼吸口型及发声方法的认识渐趋统一,肢体的动作导引与意念的导引原则上遵循中医经络循行规律。

2. 动作功法特点

(1)字正腔圆,习练规范

健身气功·六字诀正是通过特定读音来调整和控制身体内气息的,形成了体内的肝、心、脾、肺、肾、三焦与之相对应的"嘘、呵、呼、呬、吹、嘻"六种特定吐气发声的方法,进而达到了调整脏腑气机平衡的作用。健身气功·六字诀在众多的气功功法中是独具特色的,各字诀之间既是一个完整的整体,又各具独立性,相辅相成。

(2)吐纳导引,内外兼修

健身气功·六字诀在呼吸吐纳、吐气发生的同时,配合科学合理的动作导引,达到了内调脏腑、外练筋骨的作用。正如葛洪在《抱朴子》中所说,明吐纳之道者,则为行气,足以延寿矣,知屈伸之法者,则为导引,可以难老健矣。

(3)舒展大方,圆转如意

健身气功·六字诀动作舒展大方,缓慢柔和,圆转如意,如行云流水,婉转连绵,似人在气中、气在人中,表现出独特的宁静与阴柔之美,具有浓郁的气功特色。同时,要求吐气发声匀细柔长,动作舒展大方,加上开始和结束时的静立养气,动中有静、静中有动,动静结合,练养相兼。

(4)简单易学,安全有效

在"嘘、呵、呼、呬、吹、嘻"六字发声吐气的基础上,健身气功·六字诀中每个字诀都配以典型而简单的导引动作,连预备势在内共9个动作,简单易学,易记易练。同时,强调"以形导气""意随气行"。整套功法中既没有复杂的意念观想,也没有高难度、大幅度、超负荷的动作,不易出偏。健身气功·六字诀安全可靠,适合老年群众习练。

3. 动作习练要领

健身气功·六字诀是以呼吸吐纳为主要手段,加上动作的引导来进行的一种气功健身锻炼方法。习练者在练习中,应注意气形合一,掌握以下要领:

(1)校正口型,领会气息

吐气和发声是健身气功·六字诀独特的练习方法,应特别注意在练习过程中口型的变化和气息的流动。气息是通过身体部位的喉、舌、齿、牙、唇间的流动,与口型的变化密切相关。健身气功·六字诀的六种口型产生特定的六种运动的方式,进而会产生内气与相应的脏腑功能产生影响。因此,习练者必须注意口型的要求,校正口型。习练者在初学时可采用吐气出声的方法,以便于校正口型与读音,防止憋气。在练习熟练以后,可逐渐过渡为吐气轻声,渐至匀细柔长,最后达到吐气无声的状态。

(2)用意气和,用意于念

健身气功·六字诀强调意念与舒缓的动作、匀细和柔长的吐气发声相结合,用意于念,不过分强调意念活动。练习者要时刻注意协调自然,调整呼吸。练习者在形体上也要放松自然,不要过多注意肢体运动的规格,达到协调统一才能使呼吸渐缓,使身体机能达到最佳状态。如果用意过重,则会导致肢体动作僵硬,破坏机体的内部平衡,也就达不到调整气机的作用。

(3)调整呼吸,渐渐用意

呼吸的方法最常用的有胸式呼吸和腹式呼吸。腹式呼吸又可分为顺腹式呼吸与逆腹式呼吸。健身气功·六字诀基本采用胸式呼吸的方法,但在每次呼气吐音的时候,用的是逆腹式呼吸方法。逆腹式呼吸是在吸气时轻轻收缩腹肌,呼气时再将它放松,交汇后产生的浊气由口中呼出体外,这样一来对人体脏腑产生类似于按摩的作用,有利于促进全身气血的运行,达到练气养气、健身养生的作用。初学者在练习时应注意呼吸时一定要渐渐用力,不可故意用力使腹部鼓胀或收缩。

(4)动作舒展,协调一致

健身气功·六字诀是以呼吸吐纳为主,并配以动作导引的气功健身方法。动作导引有活动关节、强筋健骨的作用。习练时要注意与呼吸吐纳、吐气发声的协调配合,动作要做到松、柔、舒、缓,保持呼吸吐纳和吐气发声的基本规律。习练时若能达到形、声、气、神、韵皆备的高度融合状态,会表现出人在气中、气在人中的独特韵味,习练者自身也能感觉到由内导外的效果。

(5)由浅入深,坚持不懈

在进行功法练习的时候需要选择环境优美、空气清新的练功场景,穿着较宽松的服装,同时,要始终保持全身放松、心情舒畅、思想集中,以达到专心练功的状态。练功时应注意由浅入深,循序渐进,不可急于求成。在练功中要树立信心与恒心,相信健身气功·六字诀具有强身健体、养生康复的作用,做到坚持不懈。

4. 动作的功理价值

预备势:练习者身体放松,气沉丹田,渐入练功状态,可起到集中注意力、养气安神、消除疲劳及内心焦虑的作用。

起势:通过两掌托、按、拨、拢及下肢的屈伸性运动,同时配合呼吸,可以调和体内的气息,促进全身气血畅旺,同时也为以下各式的习练做好准备。

第一式:嘘字诀

中医认为,嘘字诀与肝相应。口吐"嘘"字具有泄出肝之浊气、调理肝脏功能的作用。同时,配合两目圆睁,还可起疏肝明目的功效。掌心向上从腰间向对侧穿出,一左一右,交替练习,外导内行,使肝气升发,气血调和。身体的左右旋转,使腰部及腹内的组织器官得到锻炼,不仅能提高中老年人的腰膝及消化功能,而且能使人体的经络得到疏通与调节,全身气机得以调和。

第二式:呵字诀

中医认为,呵字诀与心相应。口吐"呵"字具有泄出心之浊气、调理心脏功能的作用。通过捧掌上升、翻掌下插,外导内行,使肾水上升,以制心火,心火下降,以温肾水,达到心肾相交,水火既济,调理心肾功能的作用。同时,两掌的捧、翻、插、拨、肩、肘、腕、指各个关节柔和连续地屈伸旋转运动,可锻炼上肢关节的柔韧性、功能的协调性,有利于防治中老年人的上肢骨关节退化等病症。

第三式:呼字诀

中医认为,呼字诀与脾脏相应。口吐"呼"字具有泄出脾胃之浊气、调理脾胃功能的作用。通过两掌与肚脐之间的开合,外导内行,使整个腹腔形成较大幅度的舒展缩运,具有促进肠胃蠕动、健脾和胃、消食导滞的作用。

第四式:呬字诀

中医认为,呬字诀与肺相应。口吐"呬"字具有泄出肺之浊气、调理肺脏功能的作用。通过展肩扩胸、藏头缩项的锻炼,使吸入大自然之清气布满胸腔,同时小腹内收,使丹田之气也上升到胸中。先天、后天二气在胸中会合,具有锻炼肺的呼吸功能,促进气血在肺内充分融和的作用。立掌展肩与松肩推掌,可以刺激颈项、肩背部周围的穴位,并能有效地解除颈、肩、背部的肌肉和关节疲劳,防治颈椎病、肩周炎和背部肌肉劳损等病症。

第五式:吹字诀

中医认为,吹字诀与肾相应。口吐"吹"字具有泄出肾之浊气、调理肾脏功能的作用。肾位于腰部脊柱两侧,腰部功能的强弱与肾气的盛衰息息相关。本式动作通过两手对腰腹部的按摩,具有壮腰健肾、增强腰肾功能和预防衰老的作用。

第六式:嘻字诀

中医认为,嘻字诀与少阳三焦之气相应。口吐"嘻"字有疏通少阳经脉、调和全身气机的作用。通过提手、分掌、外开、上举和内合、下按、外开,分别可以起到升开与肃降全身气机的作用,二者相反相成,可以达到调和全身气血的功效。

收势:通过收气静养按揉脐腹,由练气转为养气,可以达到引气归元的作用,进而使练功者从练功状态恢复到正常状态。

四、常见运动损伤及预防

(一)常见运动损伤

健身气功常见运动损伤类型如表4.6.1所示。

表4.6.1　健身气功常见运动损伤类型

运动损伤类型		健身气功种类			
		五禽戏	八段锦	易筋经	六字诀
软组织损伤	擦伤	√	—	√	—
	撕裂伤	√	√	√	√
	挫伤	—	—	—	—
	肌肉拉伤	√	√	√	√
关节及韧带损伤	肩关节损伤	√	√	√	—
	急性腰伤	√	√	√	√
	髌骨劳损	√	√	√	—
	踝关节劳损	√	√	√	—
	关节脱位	√	—	√	—

(二)运动损伤的预防措施

随着人们物质生活的富足以及全民健身活动的不断开展,越来越多的人逐渐意识到身体健康的重要性,从而加入健身的行列,而健身气功作为一种独特的养生方法,受到社会的高度认可以及广大人民群众的喜爱。虽然健身气功的本质目的是提高人们的身体机能,达到强身健体的作用,但是随之而来的运动损伤也越来越多。习练者如果长期坚持运动,就要预防运动损伤的出现,这样才能达到身体健康的目标。因此在进行锻炼时,要采取积极有效的预防措施,减少运动损伤。

1. 充分做好准备活动

运动前充分的准备活动可使大脑皮层兴奋性提高到适宜水平。在健身气功练习前，可采用自我暗示、放松入静的方法，使精神集中，大脑充分放松、超于平静，为练习时的三调合一服务。准备活动可分为一般准备活动和专项准备活动。一般准备活动主要是一些全身性身体练习，主要包括跑步、踢腿、弯腰等；专项准备活动是指与所从事的体育锻炼内容相适应的运动练习，如打篮球前先投篮、跑步前先慢跑。准备活动的作用主要是提高整体的代谢水平和大脑皮层的兴奋状态，减少运动损伤。

健身气功是以调身、调息和调心为手段，以这三者的完美结合为准则的自我练习。练习时要求思想集中，呼吸自然绵长。而身体练习不仅具有柔和缓慢的动作特性，还有抻筋拔骨、刚柔相济、力达于梢的练习要求，动作幅度相对较大，需要我们在练习前充分做好心理和生理上的准备，要有目的、有针对性地进行一定的身体练习。这不仅可以增强肌肉内毛细血管的开放量，还可以使身体各关节腔内的滑液变多，以便于预防由于锻炼时关节活动受限、肌肉黏滞性过大造成的损伤，防止肌肉僵硬、内脏器官的惰性和注意力不集中等而导致的练习动作变形，调节中枢神经系统的兴奋性，使大脑反应速度、综合分析能力和分化能力都处于一个适合的状态，促进运动中枢之间的相互协调，从而自然地进入健身气功的练习，获得良好的练习效果。

由此可见，充分的准备活动可以使运动者提早进入运动状态，以预防一定的运动损伤。通常在健身气功锻炼前，适当对将要的锻炼部位进行一些伸展性和力量性的练习，可以避免在锻炼时由于活动不开带来的肌肉拉伤。

2. 了解相应的运动知识

健身气功作为中华民族五千年来的文化瑰宝，是我国传统体育养生项目的优秀代表，以其简单易学、动作舒缓、内涵丰富，对锻炼场地器械要求不高且强身健体效果显著等特点，逐渐成为人们喜闻乐见的健身项目之一。健身气功的每一种锻炼方式都有其各自的动作功法特点，动作习练要求都有所不同。所以对选择的锻炼方式要进行充分的了解，明确相应的生理机制、运动特点以及在运动时需注意的动作规范性，选择正确且合适的姿势和动作，这样才会有效地降低运动损伤发生的概率。因为不了解正确姿势和方法，不仅不能达到锻炼身体的目的，反而会造成运动损伤。

3. 选择合适的场地以及运动设备

外在因素也可能会造成相应的损伤，锻炼时也需要慎重考虑所选择的场所以及运动设备。健身气功锻炼时，虽然对场所的要求并不高，但也不是无要求。练习健身气功应选择一个好的环境，使练习者练功时排除干扰，聚精会神，获得良好的健身效果，并防止出现练功意外。具体来说，好的练功环境是指场地内外相对的空气清新、通风向阳、没有污染的地方。一般情况下，习练者不宜在高温烈日下练功。阴雨天不建议在场地湿滑处进行运动，避免滑倒。在雨、大雾、大风、寒潮天气情况下，宜选择室内练功。因身体不适而在室内练功者，当室外气温适宜时，可开窗练习。秋末、冬季、初春应尽量选择日出后练功，并且注意要选择路面较为平整光滑的场所，避免高低不平以及小石子等带来的扭伤的可能。健身气功是一个活动较大的运动,虽然对于服装要求不高,但要选择舒适的鞋子、相对宽松的衣服,避免因为服装的不适,造成动作的不规范以及其他可能发生的意外情况所带来的运动损伤。对于一些特殊人群,可能要适当地准备护具,加强对相应部位的保护,最大限度地减少由外部因素带来的运动损伤。

4. 掌握科学合理的训练方法

掌握科学合理的训练方法,不仅能够达到事半功倍的锻炼效果,还可以有效地预防运动损伤。因此进行健身气功的锻炼时,要制订完整的训练方案,确保运动的科学性、合理性和健身性。锻炼者需要根据自身的年龄、身体机能、运动能力等特征,制订适宜自身的锻炼方法,结合循序渐进原则,进行适当、适度、适量的训练。在众多健身气功爱好者中,有部分练习者的身体可能存在部分疾病的困扰,此部分练习者应该根据自身的身体状况,选择适宜的训练强度,切记不可照搬他人以此训练,否则不仅达不到锻炼的效果,还会造成运动损伤,得不偿失。

5. 强化自我保护意识

健身气功人群在进行运动锻炼时,应加强自身保护意识。虽然健身气功的目的是强身健体,但在运动过程中会出现自身无法控制的生理现象,面对身体发出"警惕"信号时,要及时进行修整。比如:锻炼过程中,由于动作的不正确性或注意力不集中造成身体失衡,应快速反应向前、向后或者向旁跨出一步,以保证身体平衡;训练时,由于用力过猛或反应不及时感觉将要跌倒时,可选择低头团身,顺势翻滚;运动中如果感到肌肉疲劳或者关节不适,应及时地进行调整,适当进行放松或休息,调整自身状态。

6. 运动后肌肉拉伸放松

运动结束后要注意进行拉伸活动,拉伸是一种近似于身体运动模式的拉伸,有利于提高血液循环、防止乳酸堆积、放松肌肉筋膜,从而降低肌肉损伤的发生概率,同时能够避免肌肉酸痛。

7. 了解运动损伤的急救方法

随着竞技体育的日益发展,比赛变得越发激烈,各种运动损伤也层出不穷,而急救目的是保护伤员的生命安全,减轻伤员痛苦,如果运动损伤中进行了不当的紧急处理,完全有可能造成二次伤害。因此,了解并掌握基础性的运动损伤急救知识非常有必要。例如,进行健身气功锻炼时,可能造成踝膝关节发生扭伤,应在最短时间内固定受伤部位,避免大幅度的活动和揉搓扭动,同时在有条件的情况下,选择加压和局部冷敷处理,确认损伤程度后,根据伤势情况进行适当的处理。如果运动中出现了小面积的开放性擦伤或划伤,可用流动水进行冲洗,有条件的情况下可以选择碘伏消毒处理,对于伤口较大较深的情况,应采用药物进行消毒,并及时就医。

五、纠正性训练方案示例

(一)健身气功·八段锦

预备势

易犯错误:抱球时大拇指上翘,其余四指朝向地面;塌腰;跪腿;八字脚。

纠正方法:注意沉肩垂肘,指尖相对,大拇指放平;收髋敛臀,命门穴放松;膝关节不超越脚尖,两脚平行站立。

第一段:两手托天理三焦

易犯错误:两掌上托时抬头不够;上举时松懈、断劲。

纠正方法:两掌上托,舒胸展体,缓慢用力;下腭先向上助力,再内收,配合两掌上撑,力在掌根。

第二段:左右开弓似射雕

易犯错误:端肩;弓腰;八字脚。

纠正方法:沉肩坠肘,上体直立;两脚跟外撑。

第三段:调理脾胃需单举

易犯错误:两掌手指方向不正;肘关节没有弯曲度;上体不够舒展。

纠正方法:注意两掌放平,指尖摆正,力在掌根;肘关节稍屈;对拉拔长。

第四段:五劳七伤往后瞧

易犯错误:上体后仰,转头又转体;转头与旋臂不充分。

纠正方法:下腭内收,转头、旋臂幅度应该大一些。

第五段:摇头摆尾去心火

易犯错误:摇转时颈部僵直;尾间摇动不圆活,弧度小。

纠正方法:上体右倾,尾间左摆;上体前俯,尾间向后画圆,上体不低于水平,使尾间与颈部对拉拔长,加大旋转幅度;上体侧倾和向下俯身时,下腭不有意内收和上扬,颈椎与肌肉尽量放松、伸长。

第六段:两手攀足固肾腰

易犯错误:两手向下摩运时,膝关节弯曲、低头;向上起身时起身在前,举臂在后。

纠正方法:两手向下摩运时不要低头,膝关节伸直;向上起身时,要以臂带身。

第七段:攒拳怒目增气力

易犯错误:冲拳时上体前扑;端肩;先肘;回收时旋腕不明显,抓握无力。

纠正方法:冲拳时小臂贴内前送,头向上顶,上体立直,肩部松沉,肘关节微曲,力达拳面;回收时先五指伸直,充分旋腕再屈指,用力抓握。

第八段:背后七颠百病消

易犯错误:上提时端肩;身体重心不稳。

纠正方法:脚趾抓住地面,两腿并拢,提肛,收腹,肩向下沉,百会穴上顶。

收势

易犯错误:收功随意,动作结束后或心浮气躁,或急于走动。

纠正方法:收功时要注意心平气和,体态安详,举止稳重。收功后可做一下整理活动,如搓手浴面和肢体放松动作等。

(二)健身气功·五禽戏

预备势

起势调息

易犯错误:向左开步时,两膝过分挺直,身体左右摇晃;两掌上提、下按时,运行路线直来直去,两肘尖外扬,肩膀上抬。

纠正方法:开步前,两膝先微曲;开步时,身体重心先落于右脚,左脚提起后,再缓缓向左移动,左脚掌先着地,使重心保持平衡;意念沉肩,再两臂启动,肘尖有下垂感觉,两掌上提、内合、下按时,运行路线成弧形,圆活自如。

第一戏:虎戏

第一式:虎举

易犯错误:手直接由掌变拳,虎爪状不明显;两掌上举时,身体后仰,成反弓状。

纠正方法:手指撑开后,先依次屈扣第一、二节指关节,再紧握成拳;两掌向头部正上方托举,身体与地面保持垂直。

第二式:虎扑

易犯错误:"虎爪"和握拳两种手型的变化过程掌握不当;身体由折弯到展开不够充分,两手配合不够协调;向前迈步成虚步时,重心不稳,左右摇晃。

纠正方法:两手前伸抓扑时,拳变"虎爪",力达指尖,由柔转刚;两掌向里画弧回收时,"虎爪"屈拢,轻握空拳,由刚转柔;身体前挺展开时,两手要注意后伸,运行路线要成弧形,协助身体完成屈伸蠕动;迈步时,两脚横向间距要保持一定宽度,适当增大稳定角度。

第二戏:鹿戏

第三式:鹿抵

易犯错误:腰部侧屈拧转时,身体过于前倾;身体侧屈幅度不够,眼看不到后脚跟。

纠正方法:后腿沉髋,有助于上体正直,可加大腰部拧转幅度;重心前移,增加前腿膝关节弯曲度,同时加大上举手臂向后方伸展的幅度。

第四式:鹿奔

易犯错误:落步后两脚成一直线,重心不稳,上体紧张紧扭;背部"横弓"不够明显。

纠正方法:脚提起后,向同侧肩部正前方跨步,保持两脚横向宽度;加大两肩内旋幅度,可增大收胸程度;头、髋前伸,收腹后顶,可增大躯干的后弓幅度。

第三戏:熊戏

第五式:熊运

易犯错误:两掌贴腹太紧或主动画圆形成摩腹动作,没有随腰、腹部的转动协调地进行画圆摆动;以腰、胯为轴进行转动或身体摇晃幅度过大。

纠正方法:肩肘放松,两手轻附于腰、腹,体会用腰腹的摇晃来带动两手运行;相对固定腰、胯位置,身体摇晃时,在意念上做立圆摇转,因此,当向上摇晃时,做提胸收腹,充分伸展腰、腹,向下摇晃时,做含胸松腹,挤压脾、胃、肝等中焦区域的内脏器官。

第六式:熊晃

易犯错误:没有提髋动作,直接屈膝提腿,向前迈步;落步时,腿用力前踏,髋关节处没有震动感。

纠正方法:可先练习左右提髋,方法是两肩保持水平,重心移向右脚,上提左髋,牵动左腿提起,再原处落下;然后重心左移,上提右髋,以此体会腰侧肌群收缩状态;提髋、屈膝,身体重心前移,脚自然落地,体重落于全脚掌,同时,踝、膝关节放松,使震动感传至髋部。

第四戏:猿戏

第七式:猿提

易犯错误:脚跟离地后,重心不稳,前后晃动;耸肩不够充分,胸、背部和上肢不能充分团聚。

纠正方法:头部百会穴上领,牵动整个身体垂直向上,起到稳定重心的作用;以胸部膻中穴为中心,缩项、夹肘、团胸、收腹,可加强胸、背部和上肢的团聚程度。

第八式:猿摘

易犯错误:上下肢动作配合不协调;摘桃时,手臂向上直线推出,"猿钩"变化的时机掌握不准。

纠正方法:下蹲时,手臂靠近身体;蹬伸时,手臂要充分展开;向上采摘时,手的运行路线呈向上弧形,动作到位时,手掌才变"猿钩"状。

第五戏:鸟戏

第九式:鸟伸

易犯错误:松紧变化掌握不好;单腿支撑时,身体重心不稳。

纠正方法:先练习两掌相叠,在体前做上举下落动作,上举时收紧,下落时放松,逐步过渡到完整动作;身体重心移到支撑腿后,另一腿再向后抬起,支撑腿的膝关节挺直,有助于提高动作的稳定性。

第十式:鸟飞

易犯错误:两臂伸直摆动,动作僵硬;身体紧张,直立不稳,呼吸不畅。

纠正方法:两臂上举时,力从肩发,先沉肩,再松肘,最后提腕,形成手臂举起的蠕动过程;下落时,先松肩,再沉肘,最后按掌合于腹前;两臂上举吸气,头部百会穴上领,提胸收腹,下落呼气,松腰松腹,气沉丹田。

收势

引气归元

易犯错误:两掌上举带动两肩上抬,胸廓上提;两掌运行路线不清。

纠正方法:身体重心相对固定,两掌上举时,注意肩部下沉放松;两掌在体侧向上做立圆和在腹前向前画平弧时,意念要放在掌心。

(三)健身气功·易筋经

预备势

易犯错误:手脚摆站不自然,杂念较多。

纠正方法:调息数次,逐渐进入练功状态。

第一式:韦驮献杵第一势

易犯错误:两掌内收胸前时,耸肩抬肘或松肩坠肘。

纠正方法:动作自然放松,注意调整幅度,虚腋如挟鸡蛋。

第二式:韦驮献杵第二势

易犯错误:两臂侧平举时不呈水平状。

纠正方法:两臂侧平举时自然伸直,与肩同高。

第三式:韦驮献杵第三势

易犯错误:两掌上托时屈肘;抬头目视上方。

纠正方法:两掌上托时伸肘,两臂夹耳;上托时强调的是意注两掌,而不是目视两掌。

第四式:摘星换斗势

易犯错误:目上视时挺腹;左右臂动作不协调,不到位。

纠正方法:目上视时松腰,收腹;自然放松,以腰带动。

第五式:倒拽九牛尾势

易犯错误:两臂屈拽用力僵硬;两臂旋拧不够。

纠正方法:两臂放松,动作自然;两臂旋拧时注意拳心向外。

第六式:出爪亮翅势

易犯错误:扩胸展肩不充分;两掌前推时,不用内劲,而是用力;呼吸不自然,强呼强吸。

纠正方法:出掌前,肩胛内收;两掌向前如推窗、排山;按照"推呼收吸"的规律练习。

第七式:九鬼拔马刀势

易犯错误:合臂时,身后之臂放松;屈膝下蹲时,重心移至一侧头部左右转动幅度过大。

纠正方法:合臂时,身后之臂主动上推,重心稳定,上下起伏动作放松;切忌着意转动头部。

第八式:三盘落地势

易犯错误:下蹲时直臂下按;忽略口吐"嗨"音。

纠正方法:下蹲按掌要求屈肘,两掌水平下按;下蹲时注意口吐"嗨"音。

第九式:青龙探爪势

易犯错误:身体前俯时,动作过大,重心不稳,双膝弯曲;做"龙爪"时,五指弯曲。

纠正方法:前俯动作幅度适宜,直膝五指伸直分开,拇指、食指、无名指、小指内收,力在"爪"心。

第十式:卧虎扑食势

易犯错误:俯身时耸肩,含胸头晃动;做"虎爪"时,五指未屈或过屈。

纠正方法:躯干正直,目视前上方;五指末端弯曲,力在指尖。

第十一式:打躬势

易犯错误:体前屈和起身时,两腿穹曲,动作过快。

纠正方法:体松心静,身体缓缓前屈和起身,两腿伸直。

第十二式:掉尾势

易犯错误:摇头摆臀,交叉手及重心左右移动。

纠正方法:交叉手下按固定不动,同时注意体会同侧肩与髋相合。

收势

易犯错误:两臂上举时仰头上视。

纠正方法:头正,目视前下方。

(四)健身气功·六字诀

预备势

易犯错误:精神兴奋,全身紧张,两眼有神,目视远方。

纠正方法:思想安静,心平气和,全身放松,立身中正,肩臂松垂于脊柱两侧,上眼睑放松下落,目视前下方,目光内敛,如同佛眼。

易犯错误:两脚开步间距过窄,成八字脚。两手上托下按时,身体歪斜,两手一高一低不平正。

纠正方法:脚开步站立,脚跟外撑,使两脚平行,两脚内侧与肩同宽。托按时手臂要放松,要对镜练习找出自己歪斜的习惯方向,有意识恢复平正。

起势

易犯错误:两掌前拨过高,达到手与胸同高。

纠正方法:两手前拨时,同时屈膝下蹲,肚脐的高度也随之下降,所以两手要向前下方向拨出才能使两手保持与肚脐同高。

易犯错误:两掌挑腕翻转,使掌心向外转为掌心向内。

纠正方法:掌心由外向内翻转时,要以中指为轴,外旋内翻,不要以腕为轴外旋内翻。

第一式:嘘字诀

易犯错误:吐气发声时,出气过急过粗,发音过短,气出尽,手未到位。

纠正方法:吐气发声时,出气要慢、细、匀,才能延长发音时间,做到手先到,气后尽。

易犯错误:出手吐气时,转身不到90°,没有瞪目。

纠正方法:嘘字诀与肝对应,肝走目所以吐"嘘"音时要两目圆睁。出手转身时另一只在腰间的手,要肩肘微向后拉,辅助转身达90°以挤压肝部等腹内脏器;出手收回时,手先平收到胸前,再向下落于腰间。

第二式:呵字诀

易犯错误:身体站立姿势不正,站姿不稳,肩部用力过度,容易引起呼吸操作不当、没有规律、喘不过气、呼吸含糊不清、声音不足。

纠正方法:保持身体稳定,双肩轻松下沉,应该做到细心呼吸,在呼气时发出"呵"的声音,同时保持呼吸深而缓和,不要用力过度。

第三式:呼字诀

外旋转掌向内翻,掌心肚脐三等边,起收离脐10cm,微蹲吐"呼",掌外展。

易犯错误:掌抱高于腰肚,掌外开挺腰凸腹。

纠正方法:掌对肚脐抱于腹,外开后坐口吐"呼"。

第四式:呬字诀

易犯错误:展扩缩同时做,藏头缩项抬下颏。

纠正方法:立展扩缩依次做,藏头缩项收下颏。

第五式:吹字诀

易犯错误:两掌过紧没放松,下滑动作很僵硬。

纠正方法:轻松垂落要自然,用心体会滑落感。

易犯错误:下滑前摆出手过远,两臂近于伸直。

纠正方法:两掌下滑,经大腿外侧向前摆起时,要以手带肘,屈肘提臂,顺势把两臂抱圆,使两个掌心和肚脐三点成同一平面的等边三角形。

易犯错误:两掌下滑前摆抬手过高,手与中脘穴或膻中穴同高。

纠正方法:堂下滑前摆以脐高为限,手到脐高后,停止上摆,撑圆两臂,在此高度把口中尾气呼尽,做成定势。

易犯错误:两掌下滑前摆时,身体前俯或后仰。

纠正方法:堂下滑前摆时,微收颏低头含胸手向前上摆起时,上体立直,屈膝后坐,目视前下方。

第六式:嘻字诀

易犯错误:自然落掌就起身,外开两臂侧平伸。

纠正方法:掌下落屈膝姿,开臂成弧莫要直。

易犯错误:两手上举外开,两臂成弧形时目视正前方。

纠正方法:两掌掌背相对合于小腹前起就目视两掌,然后目随手走,随着两掌上提至胸。

在面前分掌外开,两臂成弧形,这时头微仰,两眼直视正前上方,余光看两手指尖。两掌下按,在腹前外开至髋旁时,两手掌心向侧后方向。

收势

易犯错误:揉腹时,手在腹部环形摩擦身体随之摇晃。

纠正方法:揉腹时,掌心对准肚脐,轻覆之,使肚脐随手的揉动环形运动,同时保持上身中正不动。

第七节 居家武术跆拳道

一、跆拳道运动概述

一般来说,广义的武术是指我国以攻防技击为核心内容的一类体育运动,包含演练、对抗和养生等领域的丰富内容,可分为武术套路、武术散打、长兵、短兵、中国跤和健身气功等。狭义的武术一般是指武术套路。

跆拳道起源于朝鲜半岛,是以腿法攻防或拳腿组合攻防作为主要内容的一项体育运动,动作简单易学,效果直接明了,主张以快制快、以刚对刚。跆拳道按竞赛形式可分为竞技、品势、击破和武舞等内容,其中品势具有占用空间小、运动量适中、运动强度适宜和简单易学的特点,适合居家锻炼选用。

二、锻炼方式介绍

居家练习跆拳道,会受到居家有限空间的影响,需要对相关内容进行筛选或调整,确保练习有适宜的运动量和运动强度,较为全面地活动身体各部位,达到锻炼身体、舒缓情绪的活动目标。在这里向大家推荐和介绍的是居家武术跆拳道基础动作练习和原地组合练习,供大家参照。

(一)基本动作

1. 正拳
2. 前踢
3. 下格挡
4. 内格挡
5. 外格挡

(二)原地组合

1. 下格挡+正拳
2. 内格挡+正拳
3. 外格挡+正拳
4. 下格挡+前踢

(三)原地活步组合

1. 上步下格挡+正拳
2. 上步内格挡+正拳

3. 上步外格挡+正拳

4. 上步下格挡+前踢

三、常见运动损伤

居家武术跆拳道练习中,如果未能在踢击时及时控制膝关节角度,重复多次后可能会引起膝关节过伸导致的半月板和髌骨损伤。此类运动损伤多出现在高密度重复训练和大力量打靶练习(特别是全力踢击但击空时易出现损伤)中。

四、纠正性训练方案示例

为避免在踢击时因技术动作操作不当导致的运动损伤,可采用专项技术固定练习和动态辅助练习加以训练巩固肌肉本体控制感觉。

(一)控腿练习

控腿练习是静态力量训练,对提高居家武术跆拳道腿法的稳定性和准确度有较好的训练效果,对增加核心区域力量、发展躯干小肌肉群的控制协同能力亦有明显的帮助。一般有前踢、侧踢和后踢控腿训练3种类型。

1. 前踢控腿练习

练习者按照前踢的动作要求,将身体姿态控制在发力末端(击中脚靶)的状态并静态保持。

2. 侧踢控腿练习

练习者按照侧踢的动作要求,将身体姿态控制在发力末端(击中脚靶)的状态并静态保持。

3. 后踢控腿练习

练习者按照后踢的动作要求,将身体姿态控制在发力末端(击中脚靶)的状态并静态保持。

练习要求:①尽力保持身体姿态;②尽力延长控制时间。

练习步骤:①初学者可以用一只手扶着墙壁、稳定的家具,降低身体平衡难度;②身体控制能力进一步提高后,徒手完成控腿动作,遵照视线平视击打方向、双手处于配合击打的相应位置等动作规格要求;③不断提高控腿时长。

(二)抗阻练习

对于初学者腿部抗阻练习,不建议使用外部负荷,以减少因方法不当导致运动伤害的风险。练习者可利用自身重量完成腿部屈伸的抗阻训练,提高腿部力量。这里建议大家采用原地深蹲起、弓箭步蹲起和跳绳等对关节冲击较小且对练习空间要求不高、便于开展的练习方法。

练习要求:①抗阻练习前应安排热身和拉伸;②抗阻练习后应安排拉伸和整理放松。

（三）小力量打靶练习

练习者可以将脚靶柄部固定（圆形击打部位不应固定，确保有缓冲空间），使用前踢、侧踢、横踢等不同腿法击打脚靶，不断体会腿法发力顺序、巩固腿法技术动作。可根据练习时间情况采用分组练习的方法，以45分钟小力量打靶练习为例：

①前踢击靶20次/休息2分钟，前踢击靶20次/休息5分钟；

②侧踢击靶20次/休息2分钟，侧踢击靶20次/休息5分钟；

③横踢击靶20次/休息2分钟，横踢击靶20次/拉伸、整理放松15分钟。

练习要求：①打靶练习前应安排热身和身体拉伸；②打靶练习时要集中注意力；③打靶练习后应安排拉伸和整理放松。

五、动作功法练习

（一）太极一章

1. 准备姿势

（1）两脚并拢，两手贴于身体两侧，两眼平视前方。（见图4.7.1）

（2）左脚向左开半步，与肩同宽，两臂向两侧分开，拳心向内。（见图4.7.2）

（3）两小臂屈至胸前，两拳相距一拳的距离。（见图4.7.3）

（4）两小臂内旋下按，拳心向下，置于腹前。（见图4.7.4）

图 4.7.1　　　　　　图 4.7.2　　　　　　图 4.7.3　　　　　　图 4.7.4

2. 左转身下截

身体向左转90°成前立步，同时左拳收至右肩上方，然后内旋下截，拳心向下，右拳收至腰间。（见图4.7.5）

图 4.7.5

3. 右顺步冲拳

右脚向前上步成前立步,同时右拳向前内旋平冲,与胸同高,左拳收于腰间。(见图 4.7.6)

图 4.7.6

4. 右转身下截

身体向后撤步,以左脚为轴向右转 180°成右前立步,同时右拳收于左肩上部,拳心向内,左臂前伸,拳心向下,然后右小臂内旋下截,拳心向下,同时左拳收于腰间。动作要连

贯协调。(见图4.7.7)

图 4.7.7

5. 左顺步冲拳

左脚向前上一步成前立步,同时左拳向前平冲,与胸同高,右拳收于腰间。(见图4.7.8)

图 4.7.8

6. 左弓步下截

身体左转90°,左腿向前上一步成左弓步,同时左拳收于右肩上方,拳心向内,然后右拳前伸,拳心向下。左小臂内旋下截,拳心向下,同时右拳收于腰间。(见图4.7.9)

图4.7.9

7. 左弓步冲拳

保持弓步不变,右拳向前内旋平冲,与胸同高,同时左拳收于腰间。(见图4.7.10)

图4.7.10

8. 右转身内格

右脚向右前方上半步,身体右转90°,左拳由腰间向外旋冲,与肩同高,拳心向外,右拳保持不变。然后左臂内旋,格挡至胸前,略低于肩,同时右拳收于腰间。(见图4.7.11)

图4.7.11

9. 立步冲拳

左脚向前上半步,右拳向前内旋平冲,与胸同高,同时左拳收于腰间。(见图4.7.12)

图4.7.12

10. 左转身内格

左脚向后撤一步,向左转180°成左前立步,右拳内旋格挡至胸前,略低于肩,同时左拳收于腰间。(见图4.7.13)

图4.7.13

11. 立步冲拳

右脚向前的上半步,左拳向前内旋平冲,与胸同高,同时右拳收于腰间。(见图4.7.14)

图4.7.14

12. 右弓步下截

身体向左转90°,右腿上步成右弓步,右拳内旋下截,拳心向下,同时左拳收于腰间。
(见图4.7.15)

图4.7.15

13. 右弓步冲拳

保持弓步不变,左拳向前内旋平冲,与肩同高,同时右拳收于腰间。(见图4.7.16)

图4.7.16

14. 左转身格挡

左脚向左前方上半步,身体左转90°成左前立步,同时左臂外旋于额头前上方格挡,右拳收于腰间。(见图4.7.17)

图4.7.17

15. 左前踢冲拳

(1)上体保持不变,右腿屈膝上提,以膝关节为轴伸膝前踢。(见图4.7.18)

(2)右脚收回放松下落成右前立步,左拳收于腰间,同时右拳内旋平冲,与肩同高。(见图4.7.19)

图4.7.18

图4.7.19

16. 右转身格挡

左脚向后撤一步,身体右转180°,成右前立步,同时右臂外旋于额头上方格挡,左拳收于腰间。(见图4.7.20)

图4.7.20

17. 右前踢冲拳

(1)上体保持不变,左腿屈膝上提,以膝关节为轴伸膝前踢。(见图4.7.21)

(2)左脚收回放松下落成左前立步,右拳收于腰间,同时左拳内旋平冲,与肩同高。(见图4.7.22)

图4.7.21   图4.7.22

18. 左弓步下截

身体向右转90°,左脚向前上步成左弓步,左小臂内旋下截,拳心向下,同时右拳收于腰间。(见图4.7.23)

图 4.7.23

19. 右弓步冲拳

左脚不动,右脚向前上一步成右弓步,同时右拳向前内旋平冲,与肩同高,左拳收于腰间。(见图4.7.24)

图 4.7.24

20. 收势

身体以右脚为轴,向左后转180°,同时左脚后撤与右脚平行,成准备姿势。(见图4.7.25)

图 4.7.25

(二)太极五章

1. 准备姿势

(1)两脚并拢,两手贴于身体两侧,两眼平视前方。(见图4.7.26)

(2)左脚向左开半步,与肩同宽,两臂向两侧分开,拳心向内。(见图4.7.27)

(3)两小臂屈至胸前,两拳相距一拳距离。(见图4.7.28)

(4)两小臂内旋下按,拳心向下,置于腹前。(见图4.7.29)

图 4.7.26　　　　图 4.7.27　　　　图 4.7.28　　　　图 4.7.29

2. 转身弓步下截

（1）身体向左转90°，左脚向前上一步，成左弓步。（见图4.7.30）

（2）左小臂内旋下截，拳心向下，同时右拳收于腰间。（见图4.7.31）

图4.7.30　　　　　　　　　　　　　　图4.7.31

3. 左抡臂劈拳

（1）左脚后撤成左前立步，左臂屈肘至右肩前，拳心向内。（见图4.7.32）

（2）左臂由肩上方经头上画弧劈下，与肩同高。（见图4.7.33）

图4.7.32　　　　　　　　　　　　　　图4.7.33

4. 转身弓步下截

身体向右后转180°,右脚向前上一步,成右弓步,右小臂内旋下截,拳心向下,同时左拳收于腰间。(见图4.7.34、图4.7.35)

图4.7.34   图4.7.35

5. 右抡臂劈拳

(1)右脚后撤成右前立步,右臂屈肘至左肩前,拳心向内。(见图4.7.36)

(2)右臂由肩上方经头,上画弧劈下,与肩同高。(见图4.7.37)

图4.7.36   图4.7.37

6. 左右内格拳

（1）左脚向左前方上步成右弓步，身体左转90°，左拳由腰间向外旋，与肩同高，拳心向外，右臂内旋，拳心向下。然后左拳内格，略低于肩，右拳收于腰间。（见图4.7.38）

（2）下肢不动，右拳由腰间向外旋与肩同高，拳心向外，左臂内旋，拳心向下。然后右拳内格，略低于肩，左拳收于腰间。（见图4.7.39）

图4.7.38　　　　　　　　　　　图4.7.39

7. 前踢左右格挡

（1）上体保持不变，右脚蹬地屈膝上提，以膝关节为轴向前踢击。（见图4.7.40）

（2）右脚收回下落成右弓步，右拳横于胸前，同时左拳内旋向前平冲。（见图4.7.41）

（3）下肢不动，右肩外旋由左向右横格，与肩同高，左拳收于腰间。（见图4.7.42）

（4）下肢不动，左拳由腰间向外旋与肩同高，拳心向外，右臂内旋，拳心向下。然后左拳内格，略低于肩，左拳收于腰间。（见图4.7.43）

图4.7.40　　　　　图4.7.41　　　　　图4.7.42　　　　　图4.7.43

8. 左前踢左右格挡

（1）上体保持不变，左脚蹬地屈膝上提，以膝关节为轴向前踢击。（见图 4.7.44）

（2）左脚收回下落成左弓步，左拳横于胸前，同时左拳内旋向前平冲。（见图 4.7.45）

（3）下肢不动，左前臂外旋由右向左横格，与肩同高，同时右拳收于腰间。（见图 4.7.46）

（4）下肢不动，右拳由腰间向外旋，与肩同高，拳心向外，右臂内旋前伸，拳心向下。然后，右拳内格，略低于肩，左拳收于腰间。（见图 4.7.47）

| 图 4.7.44 | 图 4.7.45 | 图 4.7.46 | 图 4.7.47 |

9. 右弓步横格挡

（1）右脚向前方上步成右弓步，右举横于胸前，举心向下，左举置于右拳上方，拳心向下。（见图 4.7.48）

（2）右拳内格，与肩同高，左拳收于腰间。（见图 4.7.49）

| 图 4.7.48 | 图 4.7.49 |

10. 转身外截

身体右转90°，上左步成左三七步，两臂胸前交叉，左拳在外，右拳在内。然后左臂外旋，左拳变掌由右向左横格挡，掌与肩同高，同时右拳收于腰间。(见图4.7.50)

图 4.7.50

11. 右弓步横击肘

右脚向前上步成右弓步，同时右臂屈肘夹紧，用肘尖由外向内横击，左掌心靠在右拳面。(见图4.7.51)

图 4.7.51

12. 转身外截

身体右转180°，上右步成三七步，两臂胸前交叉，右拳在外，左拳在内。然后右臂外旋，右拳变掌由左向右横格挡，掌与肩同高，同时左拳收于腰间。（见图4.7.52）

图 4.7.52

13. 左弓步横击肘

左脚向前上步成左弓步，同时左臂屈肘夹紧，用肘尖由外向内横击，右掌心靠在左拳面。（见图4.7.53）

图 4.7.53

14. 转身下截格挡

（1）向左转90°，左脚向前上一步，成左弓步。同时左小臂内旋下截，拳心向下，右拳收于腰间。（见图4.7.54）

（2）右拳由腰间向外旋，与肩同高，拳心向外，左臂内旋，拳心向下。然后右前臂外旋由右向左横格，与肩同高，左拳收于腰间。（见图4.7.55）

图4.7.54　　　　　　　　图4.7.55

15. 前踢下截格挡

（1）上体保持不变，右脚蹬地屈膝上提，以膝关节为轴向前踢击。（见图4.7.56）

（2）右脚收回下落成右弓步，右拳横于左肩部上方，同时左臂前伸。然后右小臂内旋下截，拳心向下，左拳收于腰间。（见图4.7.57）

（3）左前臂向左横格，与肩同高，拳心向外，右臂前伸，拳心向下。然后左前臂外旋由左向前右横格，与肩同高，左拳收于腰间。（见图4.7.58）

图4.7.56　　　　　　　图4.7.57　　　　　　　图4.7.58

16. 左弓步格挡

左脚向前上步,身体左转成左弓步,同时右臂屈肘夹紧,用肘尖由外向内横击,右拳在腹前与左拳交叉,右拳置于左拳上。(见图4.7.59)

图 4.7.59

17. 转身架挡

身体向左转90°成前弓步,同时左拳架于右肩部上方,拳心向外,右拳收于腰间。(见图4.7.60)

图 4.7.60

18. 右侧端击肘

（1）以左脚为轴，身体左转90°，身体重心落于左腿上，右腿先屈膝然后向右横端出。（见图4.7.61、图4.7.62）

（2）右脚落地，身体右转90°，成右弓步，左臂屈肘横格挡于胸前，右拳变掌，击拍左小臂外侧。（见图4.7.63）

图 4.7.61　　　　　　　　　　图 4.7.62　　　　　　　　　　图 4.7.63

19. 右转身架挡

以左脚为轴向右后转90°，右脚向前迈一步，成右弓步，同时右臂置于腹前。然后右臂与左臂交叉后右臂外旋上架，同时左拳收于腰间。（见图4.7.64）

图 4.7.64

20. 左侧踹击肘

（1）以右脚为轴，身体右转90°，右拳收于腰间，左拳提至左胸前，同时左腿屈膝上提。身体重心落于右腿上，左腿先屈膝然后向左侧踹出。（见图4.7.65、图4.7.66）

（2）左脚落地，成左弓步，同时身体左转，右臂屈肘横格挡于胸前，右拳变掌，击拍左小臂外侧。（见图4.7.67）

图4.7.65　　　　　　　　　图4.7.66　　　　　　　　　图4.7.67

21. 下截格挡

（1）以右脚为轴身体向左转90°，左脚向前上一步成弓步。左拳收于右肩部上方，拳心向内。同时左小臂内旋下截，拳心向下，右拳收于腰间。（见图4.7.68）

（2）右拳由腰间向外旋，与肩同高，拳心向外，左臂内旋，拳心向下。然后右前臂外旋由右向左前横格，与肩同高，左拳收于腰间。（见图4.7.69）

图4.7.68　　　　　　　　　图4.7.69

22. 前踢叉步冲拳

（1）左脚支撑，右腿屈膝提起，以膝关节为轴，由屈到伸向前上方踢出，上体保持不动。（图 4.7.70）

（2）右脚下落，身体左转，两臂在腹前交叉，左拳在上，右拳在下，两拳心向下。（见图 4.7.71）

（3）左脚蹬地，右脚向前跨步，左脚提起向右腿后侧落步，脚尖落地成交叉步，同时右拳向前冲出，拳面向上，左拳收于腰间。（见图 4.7.72、图 4.7.73）

图 4.7.70　　　　　图 4.7.71　　　　　图 4.7.72　　　　　图 4.7.73

23. 收势

身体以右脚为轴，向左后转 180°，左脚后撤与右脚平行成准备姿势。（见图 4.7.74）

图 4.7.74

第八节 社区广场舞

一、广场舞概述

广场舞是以群众为参与主体,以肢体动作为物质载体,以集体舞为表现手段,以活跃居民文化生活、满足群众文化需求为主旨,以强健身心、交流情感、增强自信为目的的社会性群众实践活动。近年来,在国家大力提倡促进全民健身的时代背景下,广场舞顺应时代潮流,积极创新锻炼形式,发展成为融表演、健身、娱乐、社交为一体的运动形式。在实践过程中,因其具有风格多样、受众面广、包容性强、不限场地、易于开展等特点,在群众文化生活中迅速走红,成为深受广大群众喜爱的运动项目。

二、锻炼方式介绍

广场舞源自民间,并活跃于民间,是群众利用业余休闲时间,在自觉自愿自主的基础上组织开展起来的一项文化活动。在广场舞文化活动越来越亲民的今天,广场舞表演的多样化发展已成趋势,其主要表演形式有民族广场舞、交谊舞、太极柔力球等。

(一)民族广场舞

1. 概述

民族广场舞多是在通俗歌曲的伴奏下,融合不同民族舞蹈的特点与广场舞的运动模式而兴起的一种广泛性群众健身舞蹈。因具有多元的民族艺术文化审美共性和群众性文化认同,民族广场舞成为广场舞中的主流舞蹈之一。

2. 风格特点

民族舞蹈具有显著的地域特点,不同民族和地域的民间舞蹈,因受地理环境、生活习惯、宗教信仰、民俗文化等影响而体现出差异性,因此民族广场舞在表演形式、舞蹈风格、动作特点上具有多元化、多样性的特点,可分为徒手类和道具类、传统类和时尚类、自娱类和表演类、仪式类和社交类等。

3. 常见舞种

民族广场舞融合了民族舞、广场舞、健身舞等元素,实现了舞蹈、动作、节拍等方面的创新。常见的民族广场舞种类有汉族民间广场舞、藏族民间广场舞、蒙古族民间广场舞、维吾尔族民间广场舞等。

(1)汉族民间广场舞

秧歌、花灯、腰鼓这些广为流传的民间舞蹈,是汉族舞蹈中的常用艺术手法。因此在广场舞中将其与动感和韵律十足的健身舞步伐结合就成了民族广场舞的主要娱乐活动形式。

（2）藏族民间广场舞

藏族民间广场舞具有"弓背、松胯、屈膝"的体态特点，其中手臂动作具有"拉、悠、甩、绕、推、升、扬"等多样变化。常见舞蹈种类有弦子、踢踏、锅庄、热巴等。

（3）蒙古族民间广场舞

蒙古族民间广场舞具有自娱性和集体性的特点，风格特点体现在肩部、腕部、平步、马步等方面。常见舞蹈种类有盅碗舞、筷子舞、安代舞等。

（4）维吾尔族民间广场舞

维吾尔族舞蹈以"立颈""立腰拔背""提胯"的姿态贯穿舞蹈全过程，通过头、颈、眉眼与腕的翻转变化为动律，体现"挺而不僵、颤而不窜"的风格特点。常见舞蹈种类有赛乃姆、刀郎舞、盘子舞、纳兹库洛姆等。

（二）交谊舞

1. 概述

交谊舞又称为交际舞、舞厅舞、社交舞等，在不同的历史时期有着不同的叫法。最早起源于欧洲国家，是在古老的民间舞蹈的基础上发展演变而来的。16—17世纪，其在欧洲各国成为一种普遍的社交礼仪性活动，故而被称为"交谊舞"。中国的交谊舞最早可追溯至19世纪末20年代初，后在20世纪80年代因舞姿高贵典雅、舞步严谨规范而被广大人民群众所接受。

2. 风格特点

交谊舞是西方宫廷皇家贵族的一种高雅性娱乐舞蹈，主要特点是男女成对集体而舞。现代交谊舞常见的舞步有慢三步、快三步、慢四步、快四步、伦巴、吉特巴、探戈。常见的舞曲节拍有2/4、3/4、4/4。一般，根据音乐节奏进行舞蹈，慢节奏的舞曲就跳慢步，快节奏的舞曲就跳快步。慢三步飘逸潇洒，有流畅回旋之感；快三步活泼轻松，华丽愉快；慢四步动作舒缓，平稳庄严，优雅大方；快四步活泼欢快，轻灵柔畅；伦巴浪漫柔美，性感热情；吉特巴热情奔放，动作有力，富有朝气；探戈风度翩翩，刚劲有力，俊俏洒脱。

3. 礼仪要求

交谊舞是一项对舞蹈形式、舞蹈服装、行为礼节有一定要求的社交活动。跳交谊舞服装要整洁，举止要大方端庄，对人要彬彬有礼，不可粗鲁、刁难。跳舞前男士要主动且有礼貌地邀请女士共舞，邀请到舞伴后，男士第一步应先出左脚以示礼让，让女伴随之跟右脚开始起舞，在舞蹈时，如果动作配合不佳，男女舞伴应互相包容谅解。待舞曲结束应送舞伴回原位，并表示感谢，方可离开。

4. 配合技巧

（1）男士引导，女士跟随

在交谊舞双人配合时，男伴处于主导地位，女伴要做好动作跟随。即男士在舞蹈变化时要主导舞蹈动作和路线的变化，女士在男士的引带下，做出准确回应，进行默契配合。

（2）男士主导技巧

①后退步。男伴欲做退步时，右手指应给予女伴左背部明显的力量拨动，暗示女伴步伐向前。

②前进步。男伴欲做前进步时，身体重心要主动向前推动，暗示女伴步伐向后。

③旋转步。男伴欲带女伴进行单个旋转舞步时，应主动举起手臂并引导旋转方向，助力女伴做旋转动作。

④男伴主导中，保持自身舞姿的挺拔美观，动作、方位和线路引导要明晰及时，引带力量不宜过大。

（3）女士跟随技巧

①男士"指令"发出后，女士要根据音乐旋律和节拍迅速做出反应。

②女士在舞蹈动作、方位和线路改变过程中，不要完全依赖男士，应保持自身身体重心和舞姿形态标准。

③在双人舞蹈过程中，如果男伴身后有人，为了避免与其他舞者碰撞，女士应左手点压，示意男伴身后有人。

（4）双人配合技巧

①男士应根据女士的舞蹈能力进行舞蹈步伐的引带，切忌过难过繁。

②男士引带暗示要恰到好处，暗示动作要果断，力量要适宜。

③男女伴之间的暗示都不宜动作过大，要尽可能隐蔽，使舞伴接收到信息。

④如果发生错误，应相互谅解。

（三）太极柔力球

1. 概述

太极柔力球始创于20世纪90年代初，是一种将太极动作与球类技术相结合而形成的新型运动项目。太极柔力球充分体现了太极文化中的柔顺、进退、圆通、气行、劲力等运动特点。在运动中，每一次的送球、抛球、接球、纳球都是身体聚合力和心理修炼的完美展示，因此太极柔力球是一种全身性的运动，可以使腕臂、肩颈、腰背、腿脚都得到均衡全面的发展，对提高关节灵活、增强肢体调节和锻炼反应能力有显著效果。

2. 技术特点

太极柔力球在球"入、出"中需要通过弧形引化，使迎球、纳球、引球、抛球连为一体，自然流畅地一气呵成。首先，"迎球"，球来时提前做好观察和判断，顺着来球的方向，使球与球拍形成切线角度主动伸拍迎球；其次，"纳球"，通过迎球，将来球稳稳地纳入拍面；再次，"引球"，以肩为轴挥拍，在圆弧曲线上运动，以球拍边缘为先导，携球进行弧形引化；最后，"抛球"，将球沿弧线引化后顺势将球切线抛出。如此往复，完成入球和出球的整个过程。

3. 基本功练习

（1）学会恰当的握持方法

手握球拍柄时要松弛有度，不可僵硬，球拍摆动过程中要运用好提压腕动作，在翻拍时要注重手指的捻动，使球拍在手中活动自如。

（2）掌握球和拍的关系

合理利用向心力和离心力，使拍始终围绕着球动，即拍跟球，球粘拍，拍球不离。

（3）做好肢体的协调配合

上下肢基本功的练习主要是弓步和马步，注意要及时变换弓步和马步，在做各种旋转、转体、前进和后退等动作中，要做好上下肢的协调配合。

（4）控制运动轨迹路线

太极柔力球的所有动作轨迹都是圆弧形运动。在做动作时要固定圆心，保持半径不变，使大圆接小圆，圆圆相接，弧弧相连，做到臂不停，手不停，腿不停。

（5）把握音乐旋律节奏

太极柔力球运动可以在音乐节奏下进行练习。练习时要求运动者神情专注，在音乐韵律中完成动作的协调配合。

总之，练好一套太极柔力球并不是一件简单的事情，尤其是对于初学者，控制好球拍和球的运行轨迹需要反复强化训练，才可以做到"人、球、拍"三者合一。

三、常见运动损伤

社区广场舞常见运动损伤如表4.8.1所示。

表4.8.1 社区广场舞常见运动损伤

运动损伤类型		舞种		
		民族广场舞	交谊舞	太极柔力球
软组织损伤	擦伤	√	—	√
	撕裂伤	√	√	—
	挫伤	—	√	√
	肌肉拉伤	√	√	√
关节及韧带损伤	肩关节损伤	√	—	√
	急性腰伤	√	√	√
	髌骨劳损	√	√	√
	踝关节劳损	√	√	—
	关节脱位	√	√	√

四、运动损伤的预防及急救处理原则

伴随人们物质生活的富足，越来越多的人加入了广场舞运动的行列。广场舞运动本身是为了提高身体机能，达到强身健体的作用，但一旦造成运动损伤，不仅会影响到健身人群的身心健康，还可能会严重影响他们的正常生活。因此，采取积极有效的预防和急救措施对跳广场舞的人们具有重要意义。

（一）运动损伤的预防

1. 充分做好热身活动

热身活动是正式运动训练前的准备阶段，是一种有目的、有针对性的身体练习。通过合理的热身准备不仅可以有效地唤醒肌肉，增强肌肉内毛细血管的开放量，还可以使身体各关节腔内的滑液变多，有效预防关节和肌肉的运动损伤。由此可见，充分的热身活动可以使运动者提早进入运动状态，防止运动损伤。通常在广场舞的热身活动中，可以适当进行一些伸展性和力量性的练习，热身时长一般以 3 ~ 5 分钟为宜。

2. 选择合适的运动场地和运动装备

运动损伤的发生与运动场地和运动装备的选择也有一定的关系。在广场舞运动时应选择地势平坦、视野宽阔、非拥挤偏僻的地方，如果是晚上练习，既要避开居民居住区，又要选择有灯光、可以休息的地方。另外，运动时要选择适合运动项目所需的运动装备，如选择舒适、得体的服装和鞋子，以及训练所用的道具，有特殊需要的还可以穿戴护具，加强手腕、膝盖、脚踝等关节的保护，最大限度地减少运动损伤。

3. 掌握合理的运动训练方法

掌握合理的运动训练方法，可以有效地预防运动损伤。因此，在广场舞运动中为确保运动的合理性、科学性、健康性，运动者不仅要依据年龄、自身体能、健康程度等特点，还要结合循序渐进、因材施教等原则，进行适量密度、强度和时间长度的训练。

4. 强化自我保护意识

广场舞人群在进行运动训练时，应重视运动中的自我保护。尤其是在运动过程中，人们要学会关注身体所发出的"警惕"信号，例如：运动中身体失衡，应向前、向旁或向后跨出一步，以保持身体平衡；当感觉将要跌倒时，可选择低头团身，顺势翻滚；在进行跳跃动作时，要注意脚掌到全脚逐次落地，膝关节弯曲下降缓冲；运动中如果感到肌肉疲劳，还应及时地进行调整，适当放松身体。

5. 了解运动损伤的急救方法

如果运动损伤中进行了不当的紧急处理，完全有可能造成二次伤害。因此，了解并掌握基础性的运动损伤急救知识非常有必要。例如，踝膝关节发生扭伤时，应在最短时间内固定受伤部位，避免大幅度的活动和揉搓扭动，同时在有条件的情况下，选择加压和局部冷敷处理，确认损伤程度后，才可以根据伤势情况进行适当的处理。如果运动中出现了小面积的开放性擦伤或划伤，可用流动水进行冲洗，有条件的情况下可以用碘伏进

行消毒处理;对于伤口较大较深的情况,应采用药物进行消毒,并及时就医。

(二)运动损伤急救处理原则

具体运动损伤急救处理原则如表4.8.2所示。

表4.8.2　运动损伤急救处理原则

处理原则	具体实施
保护	以绷带、石膏或支具等器具保护受伤部位,避免进一步伤害
休息	停止运动,损伤部位得以休息,减少进一步的伤害
冰敷	减轻疼痛,减少出血(打破疼痛循环),降低代谢速率
压迫	减少组织液及血液渗出,减轻肿胀
抬高	促进血液回流,减少组织液的渗出,减轻肿胀
就医	紧急处理后应及时就医

第九节　瑜伽

一、瑜伽运动的起源与发展

瑜伽(Yoga)一词最早是从印度梵语"yug"或"yu"而来的,其含义为"联系""结合"或"和谐"。瑜伽是古印度六大哲学派别中的一系,探寻"梵我合一"的道理与方法。

瑜伽发源自印度北部的喜马拉雅山麓地带,古印度瑜伽修行者在大自然中修炼身心时,无意中发现各种动物与植物天生具有治疗、放松、睡眠或保持清醒的作用,患病时能不经任何治疗而自然痊愈。于是古印度瑜伽修行者根据动物的姿势等观察、模仿并亲自体验,创立出一系列有益身心的锻炼系统,也就是体位法。

瑜伽发展到了今天,已经成为广泛传播的一项身心锻炼方法。从印度传至欧美、亚洲、非洲等,因为它对心理的减压以及对生理的保健等作用明显而备受推崇。同时不断演变出了各式各样的瑜伽分支方法,比如热瑜伽、哈他瑜伽、高温瑜伽、养生瑜伽等,以及一些瑜伽管理科学。

瑜伽练习节奏缓慢、柔和,能够增强身体的觉知,锻炼到"休眠"肌群,在体式动作长时间保持静止时,能够增加身体的柔韧性,能够锻炼到身体深层的肌纤维。

二、瑜伽流派

瑜伽经过几千年的发展演变,已经衍生出很多派别。正统的印度古典瑜伽包括智瑜伽、业瑜伽、哈他瑜伽、王瑜伽、昆达利尼瑜伽五大体系。不同的瑜伽派别理论有很大差别。智瑜伽提倡培养知识理念;业瑜伽倡导内心修行,引导更加完善的行为;信仰瑜伽是将前者综合并衍生发展而来的;哈他瑜伽包括精神体系和肌体体系;王瑜伽偏于意念和调息;昆达里尼瑜伽着重能量的唤醒与提升。这些不同体系理论的瑜伽,对于修习者来说都是通往精神世界的工具。现将常见的瑜伽派别及理论介绍如下。

(一)智瑜伽

智瑜伽提倡培养知识理念,从无明中解脱出来,达到神圣知识,以期待与梵合一。智瑜伽认为,知识有低等和高等之别。智瑜伽所寻求的知识,要求瑜伽者转眼内在,透过一切外在事物的本质,去体验和理解创造万物之神——梵。通过朗读古老的、被认为是天启的经典,理解书中那些真正的奥义,获得神圣的真谛。

(二)业瑜伽

业是行为的意思。业瑜伽认为,行为是生命的第一表现,比如衣食、起居、言谈、举止等。业瑜伽倡导将精力集中于内心的世界,通过内心的精神活动,引导更加完善的行为。瑜伽师通常采取极度克制的苦行,历尽善行,崇神律己,执着苦行,净心寡欲。

(三)哈他瑜伽

在哈他(Hatha)这个词中,"哈"(ha)的意思是太阳,"他"(tha)的意思是月亮。哈他瑜伽认为,人体包括两个体系:一为精神体系;一为肌体体系。人的平常思想活动大部分是无序混乱的,是能力的浪费,人体只有小部分用于维持生命。通常情况下,如果这种失调现象不太严重时,通过休息便可自然恢复平衡,但是如果不能主动地自我克制和调节,这种失调会日益加剧,导致精神和肌体上的疾病。体位法可以打破原有的混乱,消除肌体不安定的因素,停止恶性循环的运动;通过调息来清除体内神经系统的滞障,控制身体的能量并加以利用。

(四)王瑜伽

王瑜伽偏于意念和调息。通常使用莲花坐等一些体位法进行冥想,摒弃了大多数严格的体位法。王瑜伽积极提倡瑜伽的八支分次,即禁制、尊行、坐法、调息、制感、内醒、静虑、三摩地。大都采用莲花坐姿的体位姿势来练习冥想,通过意念来感受实体的运动,控制气脉在体内流通。一点凝视法是常做的一种练习,通常是在环境幽静的地方,将注意力集中在某一固定的实体上,使自己的精神完全沉浸在无限深邃的寂静中。

（五）昆达利尼瑜伽

又称为蛇王瑜伽。传说中昆达利尼是一条尚未唤醒而处在休眠状态的圣蛇。通过打通气脉，可使生命之气唤醒昆达利尼。通过练习昆达利尼瑜伽，昆达利尼沿着脊椎骨提升，通过人体的八个能量中心，让每个能量中心平衡，直达大脑刺激松果腺和脑下垂体，让神经系统、内分泌系统得以激活。因此，练习过昆达利尼瑜伽的人都体会过身体上、心灵上的变化和强化，而且比一般的瑜伽来得快。

（六）阿斯汤嘎瑜伽

阿斯汤嘎瑜伽（Astangha Yoga）以帕坦伽利《瑜伽经》里的八支行法为核心体系，是最古老的瑜伽练习体系。阿斯汤嘎瑜伽是一项严格的练习，分为基础级、中级、高级3种级别。每种级别的动作编排是固定不变的，都以5遍太阳祈祷式A和B开始，中间有大量的体位姿势练习，最后以倒立和休息术作为结束。阿斯汤嘎瑜伽均衡地锻炼了身体的力量、柔韧度和耐力，在西方也被称作"力量瑜伽"，但以初级为主。阿斯汤嘎瑜伽对练习者的体能素质要求很高，每个级别里的体位姿势固定不变，因此要求练习者身体健康，并且极有耐心。

（七）艾扬格瑜伽

艾扬格通过练习瑜伽来治疗自身的疾病，由此创建了有治疗效果的艾扬格瑜伽体系。艾扬格瑜伽被公认为是最讲究体位练习方法的一种瑜伽，它可以协调身体平衡。艾扬格瑜伽最大的特点是利用各种各样的辅助道具，如木块、长凳、沙袋、毯子、垫枕、布带等，这样可以加大动作幅度，让很多看似难不可及的动作不再复杂，适合柔韧性较差或需要康复治疗的人。

（八）流瑜伽

也称为"流程瑜伽"，是哈他瑜伽与阿斯汤嘎瑜伽的混合体，它的教义和难度介于两者之间。流瑜伽每个级别的初始动作也是从太阳祈祷式A和B开始，练习数次，而后进行单个动作练习，最后以倒立和休息术结束。其比传统的哈他瑜伽体能消耗更大。流瑜伽的动作编排连绵而流畅，动作固定，体力不好的人可以在中间做短暂休息，以保存体力。

（九）热瑜伽

印度人比克若姆在美国创立了热瑜伽体系，因为其练习方式不同于传统瑜伽，所以被一些古典瑜伽师认为不符合传统观念和规范。热瑜伽对场地和温度的要求十分严格，练习者要在38℃～42℃的高温环境下练习26个基本姿势，来提升柔韧性。热瑜伽对于减肥、排毒、塑造身材都有很好的效果，是比较流行的创新练习方法。

（十）双人瑜伽

双人可以是夫妻、父母、朋友、情侣或亲子。与个人练习相比，双人瑜伽更重视分享和交流，可以完成单人有困难或无法完成的瑜伽动作。通过互助练习，在增加了瑜伽乐趣的同时，可以提高练习者之间的信任和合作精神。同时双人瑜伽造型优美，常作为表演的动作呈现。

三、习练益处与注意事项

（一）习练益处

习练瑜伽具有以下益处：加速新陈代谢，去除体内废物，从内而外修复形体、调理养颜；带来优雅气质、轻盈体态，提高人的内外在气质；增强身体力量和肌体弹性，身体四肢均衡发展，身心愉悦；预防和治疗各种身心相关的疾病，对背痛、肩痛、颈痛、头痛、关节痛、失眠、消化系统紊乱、痛经、脱发等都有显著疗效；调节身心系统，改善血液环境，促进内分泌平衡；减压养心，释放身心，修心养性；提高免疫力，增加血液循环，修复受损组织，使身体组织得到充分的营养。

（二）注意事项

1. 接受指导

瑜伽与其他运动一样，在不正确的练习下是会给身体带来一定伤害的，故需在专业人士的指导下练习。

2. 避免攀比

作为练习者，应随时遵循瑜伽练习中自然的规律循序渐进，不和他人比较。许多人在练习初期总是认为练习瑜伽需要很好的柔韧性，急功近利，想做到别人能做的动作，从而伤害自己的关节和肌肉，练习效果也会适得其反。

3. 注重热身

正式练习前必须进行热身，即准备练习，也可以是一些较简单的瑜伽动作，否则很可能会受伤或者难以完成动作。例如：在力量瑜伽的练习中，做上犬式时，如果没有适当的准备练习，很容易受伤。

4. 正确练习

保持室内相对安静，空气一定要流通。不要在太软的床上练习，准备好瑜伽垫，光脚练习。不要照猫画虎，应该按自己的实际情况来做，尽量保持呼吸的平稳和心态的平和。

四、瑜伽体式

(一)瑜伽基本体式

1. 瑜伽站姿——山式(见图4.9.1)

图 4.9.1

挺直腰背站立于垫子上,双腿并拢伸直,两脚跟和两大脚趾靠拢在一起,同时伸展所有的脚趾,平贴在地面上,双手自然垂放在身体两侧,调匀呼吸。深呼吸,收腹、挺胸、紧臀,并且让脊柱一节一节地向上伸展,静不放松,双肩下沉,将身体重心分布在两脚掌上,感受脊柱的延伸。

2. 瑜伽坐姿

(1)简易坐(见图4.9.2)

图 4.9.2

挺直腰背坐在垫子上,双腿向前并拢伸直,双手放在身体两侧,收紧下巴。屈右腿,脚掌放于左大腿内侧,脚跟贴近趾骨,屈左膝,两脚跟前后对齐。

（2）金刚坐（见图4.9.3）

图4.9.3

屈膝,两腿并拢,跪立于垫上,臀部坐在两脚之间。挺直腰背,脚背贴于垫上。如膝盖或脚踝有伤则不要用此体式。

（3）莲花坐（见图4.9.4）

图4.9.4

简易盘坐准备,将右脚放在左侧腹股沟,脚底朝上。再屈左侧小腿,将左脚放在右侧腹股沟,脚底朝上。下颌微收,放松整个肩部,保持脊柱延伸。

（二）瑜伽体式——中枢滋养

1. 风吹树式（见图4.9.5、图4.9.6）

图4.9.5

图4.9.6

风吹树式可以有效伸展脊柱，滋养脊柱，灵活双肩，挺直背部的同时美化腰部线条，刺激腹腔脏器，促进身体排毒，提高身体免疫力。

做法：

（1）山式站立，让双手在头顶处合十，双臂与身体成一条直线，调整呼吸。

（2）吸气提拉脊柱，呼气，以腰腹部为轴点，双腿保持挺直状态不动，让双臂带动身体向右侧屈至最大限度，拉伸左侧腰部，保持姿势 10～15 秒，吸气还原。呼气，反侧练习。

练习重点：以腰部为轴点，将上半身向两边弯曲，不要左右推动腰部，且上半身尽量向上牵拉。

2. 前屈式（见图 4.9.7）

图 4.9.7

前屈式有助于消除或预防胃部或腹部疾病，减少腹部多余脂肪，改善消化系统，有助于消除便秘，使脊柱柔软，锻炼脊神经。

做法：

山式站立，身体向前屈直到双手或手指触到脚的任何一侧，或脚前的垫上。使前额触到双腿，但不要拉伤，双膝保持伸直。身体前屈时呼气。在最后位置时收缩腹部，最大量地呼气。

3. 双腿背部伸展式（见图 4.9.8）

图 4.9.8

　　双腿背部伸展式是一种坐姿瑜伽动作。它的练习有助于增加脊椎弹性,充分伸展肩膀、背部、臀部与双腿。它能够按摩腹部内脏,可提升消化、排泄与生殖机能,有助于促进血液循环,还可平衡自律神经及内分泌,有助于心绪平静稳定。

　　做法:

　　(1)挺直上身,两腿并拢向前伸直坐好,背部挺直但应放松,双手自然放在身体两侧。

　　(2)吸气,慢慢将双手举高过头,手臂内侧夹在耳旁,充分拉长脊椎。

　　(3)慢慢呼气,将上半身往脚趾方向依腹、胸、下颚、额头循序前倾,此时膝盖尽量伸直,待上半身贴住大腿后,双手可抓住脚掌外侧,柔韧性好的人可绕过脚掌交互握手,停留5～8次呼吸之后,慢慢吸气回原姿势。

　　练习重点:练习过程中,背部要平直,尽量不要拱起。

　　练习提示:若受限于柔韧性,双手无法抓住脚掌,可将手放在小腿上,此时,背部仍应轻松平直;避免反弹动作,更不要请他人协助推背;配合呼吸慢慢练习,自然会有进步。

　　4. 直角式(见图4.9.9)

图 4.9.9

　　直角式可以拉伸脊柱两侧的肌肉以及椎骨关节和韧带,滋养脊柱;腹部器官受到挤压按摩,非常有益于消化;身体在水平位置向前弯曲,心脏抵抗重力供血产生的压力减缓,于是供给至全身各处的血液变得流畅。

　　做法:

　　(1)山式站立,让双手在头顶处合十,双臂与身体成一条直线,调整呼吸。

　　(2)以髋为轴,上身向前慢慢弯曲至90°,背部与地面平行,双手合十前伸,保持20秒。

　　练习重点:髋部折叠,延长脊柱,双腿垂直。

　　练习提示:始终保持脊柱的自然伸展。

5. 简易脊柱扭转式（见图4.9.10）

图4.9.10

简易脊柱扭转式是一种坐姿瑜伽动作。它的练习有助于消除背部酸痛,使脊柱更加灵活。坚持练习还有助于消除腰部两侧脂肪,达到瘦腰的效果。

做法:

(1)坐于垫上,两腿向前伸直,同时腰背挺直。

(2)弯曲右腿,将右脚放在左腿外侧;将两手放于身体左侧,两手手指向外;呼气,尽量将身体向左后方转,从而扭动脊柱;转到极限处,保持这个姿势数秒,而后吸气,将身体转回原位,收回右腿。之后做左侧,动作同右侧。

练习重点:坐骨坐实于垫上,保持脊柱直立。

练习提示:颈椎病及腰椎疾病患者不宜练习。

6. 鳄鱼扭转式（见图4.9.11）

图4.9.11

　　鳄鱼扭转式为仰卧位体式,可促进腿部、背部和肩部血液循环,伸展和放松这些部位的肌肉,轻柔按摩腹脏器官还有助于消化。

　　做法:

　　(1)仰卧于垫上,两臂向两边平伸,手臂平贴地面,双手掌心向下。

　　(2)吸气,两腿弯曲抬起,两膝尽量靠近胸部,呼气,双腿向右侧扭转落于地面,头部转向左侧,保持5~8次呼吸。换反侧练习。

　　7. 犁式(见图4.9.12)

图4.9.12

　　犁式的练习有助于伸展并强壮脊椎,对于放松肩关节、刺激血液循环以及纠正驼背都有很好的功效。它还可以有效缓解背部肌肉僵硬,防止酸痛。

　　做法:

　　平躺,做深呼吸。吸气,双脚向上缓慢举高,呼气,双脚向头上方伸,让脚尖着地,双肘内收,双手扶背部,停留时间依个人状况而定,然后调息。

　　练习重点:臀部与下背部离地时可用手托住后背。静止时,膝关节保持平直。还原时,可屈双膝,脊椎逐节展开,缓慢放下臀部及双腿。

　　练习提示:初学者刚开始练习,如果无法将脚尖于头上方着地,不要勉强,可循序渐进,直到可以完成动作。颈椎病及坐骨神经痛患者不可练习。生理期不可练习。

8. 上犬式（见图 4.9.13）

图 4.9.13

上犬式是一种卧姿瑜伽动作。此练习对于调整脊椎线条,预防及改善坐骨神经痛有不错的功效,比如有助于伸展和消除肩膀、背部、胸部和腿部的僵硬感,增加髋关节的灵活度,还可调节骨盆区域的血液循环,强化腹部肌肉。

做法:

（1）腹部贴地俯卧,双腿向后伸直,脚趾顶地（或脚背放松贴地）,双脚可并拢或稍稍分开。

（2）两手掌平贴在胸部两侧垫子上,十指张开平贴地板,同时指尖朝正前方。慢慢吸气,用背部力量将脊椎拉起,伸直双臂,用手臂力量辅助,尽量将背部打直,向后方伸展。呼气,将两腿抬高离地面,同时伸直两膝,初学者膝盖可停留在垫子上。眼睛可直视前方,或略微抬高下巴斜看天空,停留 5～8 次呼吸。

练习重点:重量均匀放在两手臂和两脚掌上,尽量保持好,呼气时头尽可能再次向后仰。

练习提示:颈椎有问题者,不要将头后仰。

9. 下犬式（见图 4.9.14）

图 4.9.14

下犬式可以提高脚跟、脚踝和腿部的柔韧性,并使腿部更有力。这一瑜伽动作还可以拉伸背部、腿部的肌肉与筋骨,有效缓解因长期久坐而产生的僵硬感,从而滋养中枢神经,焕发整个神经系统的活力。

做法:

(1)以四脚板凳状跪立于垫子上。手臂和大腿与地面垂直,背部、面部、颈部与地面平行。

(2)呼气时,臀部伸向天花板,双腿伸直,身体向腿部的方向按压,头朝下,让整个体式构成三角形的样子。深呼吸,保持此式10~20秒。呼气时,弯曲双腿恢复到四脚板凳状。

练习重点:双脚左右分开与髋同宽,并完全平行;脚跟尽量着地,伸展每一个脚趾;双膝伸直,大腿完全平行,平衡地伸展两腿;脊柱充分伸展,并保持在一条直线上;肩胛骨向后翻转,并在后侧朝脊柱方向夹紧,双肩向臀部的方向沉下去;颈部拉长,并放松;充分伸展双臂和手指。

练习提示:高血压和眩晕症患者不应练习此式。

(三)瑜伽体式——平衡提升

1. 吸腿放松式(见图4.9.15、图4.9.16)

图4.9.15　　　　　　　　　　　　　图4.9.16

吸腿放松式是一种站姿瑜伽动作,可有效提高身体的平衡感,锻炼集中注意的能力。经常练习这个瑜伽动作还可以放松膝关节、踝关节。

做法:

(1)按基本站姿站立。

(2)吸气,屈左膝,膝盖尽量向上抬。呼气,十指相交于左小腿前侧,尽量使膝靠近胸部。

（3）松开两手，左手下滑，抓住脚背，使左脚趾指向后，左大腿与右大腿处于一个平面，右手指向右侧方保持平衡，也可自然下垂于体侧，保持30～60秒。呼气，慢慢还原。换右腿做同样练习。每侧重复3次。

练习重点：尽量保持时间长久，两侧练习时间要相同。

练习提示：尽量保持好呼吸，动作缓慢，初期练习时，有可能平衡不好，需要经常反复练习，才会有效果。年纪较大者练此姿势时，最好旁边有支撑物。

2. 抬腿平衡式（见图4.9.17）

图 4.9.17

抬腿平衡式是一种站姿瑜伽动作。这套动作的练习可以锻炼集中注意的能力，有效提高全身的平衡感，还可以拉伸腿部，缓解腿部的肌肉紧张。

做法：

按基本站姿站立。

（1）吸气，左腿向正前方伸出，两手掐腰，两髋保持水平。

（2）弯曲左腿，左手握住左脚拇指或脚背。

（3）将左腿向正前方伸出，右腿直立，保持30～60秒。呼气，慢慢还原。两腿交换做同样练习。每侧重复3次。

练习重点：保持好呼吸的平稳，保持好上半身的直立，不要前倾。

3. 单腿平衡站立伸展式（见图4.9.18）

图4.9.18

单腿平衡站立伸展式具有提升身体平衡能力的功效，能让身体更稳定与均衡。此式还是很好的瘦腿动作。

做法：

（1）山式站立。

（2）呼气，弯曲左膝，抬左腿，以左手拇指、食指以及中指抓住左脚大脚趾。右手放在右髋上，保持平衡，做2次深呼吸。

（3）呼气，左手向前伸展，并拉动左腿，左腿伸直，做2次深呼吸。

（4）这个体式稳定以后，用手握住左脚，把左腿拉到身体侧面，右手伸展，指尖向外，做2次深呼吸。呼气，松开手，将左腿缓慢地放到地上，回到山式站立。换另一侧重复以上动作。

4. 战士第三式（见图4.9.19）

图4.9.19

　　战士第三式可有效提高身体的平衡控制能力,强化双脚、脚踝、小腿、膝部和大腿的力量,增强肌肉耐力,也可修饰身体各个部分的线条,使身体更匀称、更纤长,同时也可增强循环系统的功能,纠正各种不正确姿势,使身体变得更轻盈。

　　做法:

　　(1)山式站立。手臂向上伸展,举过头顶,与地面垂直,提肩胛骨,两掌相合。

　　(2)呼气,躯干前倾,同时抬起左腿离地,右腿伸直,保持手臂、躯干、腿部在同一直线上。

　　(3)吸气,身体继续前倾。手臂向前伸展,与躯干、左腿呈一条直线。保持平衡的同时,除了右腿,整个身体与地面平行。右腿完全伸展并绷直,与地面保持垂直。深长呼吸,保持这个姿势15~20秒。呼气,放下左腿,转换双脚,换另一侧重复这个体式。

　　5. 树式第一式(见图4.9.20)

图 4.9.20

　　树式第一式能使能量集中于脊椎,增强身体的稳定性,提高平衡能力,加强腿部、胸部和背部的肌肉力量与肌肉耐力,还能使髋关节、踝关节得到放松,变得更灵活,修饰双臂和背部的曲线,对久坐形成的不良体态有很好的纠正作用。

　　做法:

　　(1)山式站立。弯曲左腿上抬,向外侧打开;左手抓住左脚脚踝,放于右大腿根部,脚掌贴于大腿内侧,脚趾朝下,膝盖朝向外侧;右腿直立,支撑身体重量;双手胸前合掌,保持身体平衡。

（2）双手合掌。向上伸展，高举过头顶，手指并拢、伸直，肩膀下沉。深长呼吸，保持这个姿势20～30秒。呼气，放下左腿，转换双脚，换另一侧重复这个体式。

6. 树式第二式（见图4.9.21）

图 4.9.21

做法：

（1）山式站立。弯曲左腿，上抬，膝向外侧打开；右手抓住左脚脚踝，放于右大腿根部，脚掌贴于大腿内侧，脚趾朝下，膝盖朝向外侧，右腿直立，支撑身体重量。

（2）松开右手，与左手合掌于胸前，保持身体平衡。

（3）双手合掌，向上伸展，举过头顶，手指并拢、伸直，肩膀下沉，深长呼吸，保持这个姿势20～30秒。呼气，放下左腿，转换双脚，换另一侧重复这个体式。

7. 燕式（见图4.9.22）

图4.9.22

燕式可有效增强腿部肌肉控制能力,提升身体平衡能力。

做法:

(1)山式站立,双臂侧平举,掌心朝下。

(2)抬升左腿向后伸展,达到与地面平行的高度,同时带动躯干和头部前倾,躯干与地面平行;右腿绷直,右脚紧压地面,保持身体平衡;正常呼吸,保持这个体式20~30秒。放低左腿,抬起躯干,还原,换右腿向后抬升,重复这个体式。

8. 单腿平衡式（见图4.9.23）

图4.9.23

单腿平衡式可有效让注意力集中,强化身体平衡感,同时可消除腹部多余脂肪和赘肉,按摩腹部内脏器,增强消化功能,拉伸腿部,使双腿变得纤长,臀部变得紧翘。

做法：

（1）站立，双腿并拢，腰背挺直，双臂自然放在身体两侧，眼睛平视前方，均匀呼吸。

（2）弯曲手肘，双手在背后合十。

（3）吸气，左腿伸直不变，右腿向后伸展一小步，脚尖点地。

（4）呼气，上半身慢慢向前倾，同时向上慢慢抬高右腿，身体重心移到左腿上。深呼吸，上半身继续俯身向下，直到右腿与整个背部成一条直线，保持姿势10～15秒。慢慢放下右腿，松开双手，休息片刻后，换左腿重复动作。

9. 鹰式（见图4.9.24）

图 4.9.24

鹰式是一种站姿瑜伽动作。它可以伸展脚踝、小腿、大腿、臀部、肩膀以及上背部，有助于提高注意力和平衡感。对于强健脚踝、消除肩部僵硬和预防小腿肌肉抽筋都有很好的作用。但是，膝盖损伤者不能练习这个姿势。

做法：

（1）两脚并拢山式站立，面朝正前方，抬头挺胸，腰背挺直，两臂向侧平举至肩膀高度，掌心向上。

（2）保持手臂伸直，两臂向前交叉，肘部为交叉点，左手在上。

（3）下臂向上竖起，手背相贴，五指并拢。两手合掌，相互向外用力。

（4）保持手臂姿势，右腿抬起弯曲膝盖，脚跟缠住左腿。两腿相互用力。停留此姿势20～30秒，然后松开两腿和手臂回到山式。交换另一侧重复以上练习。

练习提示：初学者通常手臂相绕后手掌相碰非常困难，可将伸直两手臂向前平行于地面。初学者同样会发现把腿绕到站立的腿后保持平衡非常困难，可只将位于上方的腿的小腿及脚背贴紧下方小腿的外侧。

10. 站立头触膝式（见图4.9.25）

图 4.9.25

站立头触膝式可提高注意力及平衡力，同时可收紧腹部及大腿，有益坐骨神经。

做法：

（1）山式站立。吸气，左膝向上抬起，双手抓左脚脚心，手指交叉，拇指在上，右膝伸直，收紧大腿肌肉。

（2）双手抓住左脚向身体方向伸展，直到伸直，眼睛看地面固定一点，呼气，让头试着触碰膝关节或小腿，均匀呼吸并保持20～30秒。吸气，缓慢伸直抬起上体，放下左脚，换右脚重复相同动作，之后，休息片刻，再重复一组。

练习提示：多数练习者，容易出现下侧膝盖弯曲的错误动作，应尽量避免此类动作，因为下侧膝盖弯曲，即使头可以触到上侧腿，也无法达到拉伸腿部韧带的功效。

11. 舞蹈式（见图4.9.26）

图 4.9.26

舞蹈式可促进血液循环,提高心肺功能,让血液充分流向内脏和腺体,促进身体健康,可提高注意力、平衡力,同时也可强健腹部及大腿,收紧上臂、髋部及臀部肌肉,改善背部和全身大部分肌肉的柔韧性及力量。

做法:

(1)山式站立。将身体的重心放在左脚上,将右小腿向后弯曲,右手拉住右脚背。

(2)抬起左臂,与地面平行,挺直腰背。身体及左臂向前向下伸展至与地面平行,眼睛平视前方,同时右手将右腿用力向上拉起。均匀呼吸并保持20~30秒。身体慢慢回正,放松四肢,换另一侧重复此动作。

(四)瑜伽体式——腰腹强健

1. 炮弹式(见图4.9.27)

图 4.9.27

炮弹式是一种卧姿瑜伽动作。它可以快速消耗腹部堆积的多余脂肪,使小腹更平坦,同时可以有效拉伸背部和颈部,增强脊柱弹性。

做法:

(1)仰卧平躺在垫子上,双腿并拢,脚尖绷直,双手放在身体两侧,眼睛向上看。

(2)吸气,弯曲左膝,双手交叉握住左小腿。

(3)继续吸气,将左大腿拉向胸部并贴紧。呼气,双臂用力,头部向上抬起离开地面。

(4)尽量用鼻尖触碰左膝盖,保持姿势10秒。之后做右侧动作,同左侧。

(5)头部回落,放下腿,双腿伸直后,同时弯曲两膝,双手抱住两小腿,头部向上抬起,让鼻尖触碰双膝,保持姿势10秒。

2. 船式第一式（见图 4.9.28）

图 4.9.28

船式第一式是一种坐姿瑜伽动作，可有效锻炼腹部肌肉，消除小肚腩，美化上半身线条，同时可促进肠道蠕动，改善消化功能，也可调节神经系统，缓解焦虑和紧张的情绪。

做法：

（1）坐在垫子上，膝盖弯曲，双腿双脚并拢，双臂向后伸展，手臂伸直，手心贴地，指尖指向臀部方向，眼睛平视前方，均匀呼吸。

（2）吸气，弯曲手肘，上半身向后仰，抬起小腿，尽量让小腿与地面平行，脚尖绷直。

（3）呼气，以臀部为支撑，双手离地，双臂向前平举，同时伸直双腿，整个身体成船形，保持姿势10秒。

3. 倒转式（见图 4.9.29、图 4.9.30）

图 4.9.29

图 4.9.30

该体式中抬起腿部的姿势对腹部锻炼十分显著,同时具有消除腿部疲劳和浮肿的疗效。

做法:

(1)仰卧,双手自然放于身体两侧,手掌贴于地面。

(2)吸气并缓慢抬起双脚。

(3)双腿抬至正上方后,呼气并托起腰部,双手撑在腰骨部位。脚腕送至头部正上方时,放松呼吸,并保持该姿势20~30秒。

(4)呼气,让脚尖接近地面,尽量使腿平行于地面,将撑在腰骨部位的双手放回。

(5)一边吸气,一边使背部骨骼逐节地落回地面。脚尖抬至头部正上方,呼气并尽可能慢节奏地将双腿放下,直至放到地面。反复练习8~12次。

4. 门闩式(见图4.9.31)

图 4.9.31

　　门闩式是一种跪姿瑜伽动作。这个瑜伽动作可以消除腰围线上的脂肪,轻松重塑腰部曲线,还可以强健脊椎及脊椎旁侧肌肉,按摩腹部及盆腔器官,强健各肌肉及手指、脚趾关节,强健肾上腺、胰岛及性腺,舒展及扩张胸、肺。

　　做法:

　　(1)跪立,大腿垂直于地面,上身挺直,双手自然下垂于体侧。

　　(2)左腿向左伸展,脚尖向外,右膝和左腿在同一线上;吸气,两臂平举,与地面平行。

　　(3)呼气,上身缓慢向左侧弯曲到最大限度,保持该姿势10~15秒。吸气,慢慢抬起上身还原,再做另一侧。

　　练习指导:练习时一定要量力而行,要控制力度,防止损伤腰部。

　　5. 划船式(见图4.9.32、图4.9.33)

图 4.9.32

图 4.9.33

　　划船式的作用主要是强化腹部肌群,有助于减少腰腹部赘肉,也可以挤压按摩腹腔内脏器官,促进消化及排泄功能,缓解便秘症状,消除肠胃胀气。

做法：

（1）坐在垫子上，双腿伸向体前。双臂向前平举，与双腿平行，双手平伸或握拳。

（2）呼气时身体前倾，手臂向前伸展。

（3）吸气时身体后仰，手肘弯曲，双拳拉至肩膀处，重复这个练习8～12次，动作和呼吸充分配合。

6. 半弓式（见图4.9.34）

图4.9.34

半弓式可有效调整体态，加强脊柱弹性，美化腰背部线条，强化大腿和腰腹力量，紧缩大腿肌肉，减少腰腹脂肪，纤腰瘦腿，美化臀部线条，预防臀部下垂。

做法：

（1）保持俯卧姿势，头部摆正，下颚贴地；双脚向后伸直，脚心、手心朝上，身体呈一条直线。

（2）吸气，右腿向后抬起，左手向上抬起，抓住右脚脚踝；胸口向上抬起，左腿保持伸直状态，腹部与左右骨盆都不要离地。

（3）呼气，右臂屈肘，右手扶地，左手抓住右脚向上延伸，右腿同时向上抬起，使左右骨盆保持在同一水平线上，保持2次呼吸的时间。

（4）腹部用力保持身体平稳，再次呼气时，右臂向上抬起，手臂伸直，身体两侧向上伸展，停留保持姿势1次呼吸的时间。吸气时回到开始的姿势，换另一侧进行练习。

7. 天鹅式(见图4.9.35)

图4.9.35

天鹅式可有效拉伸侧腰肌肉,消除腰部多余脂肪,伸展手臂,让手臂更纤长,还可滋养脊柱神经,消除烦恼、不安等不良情绪,让身心都得到放松。

做法:

(1)山式站立,双腿并拢,双手放在体侧,眼睛平视前方,调整呼吸。

(2)吸气,右腿向后迈一步,右臂伸直向上举过头顶,头部微微向左转动。

(3)呼气,右手臂带动上半身想做侧倾斜,下半身保持不动,左手顺着左大腿向下滑动,挺胸收臀,眼睛看向左前方的地面。

(4)手放回体侧,弯曲右膝,左腿伸直,左脚尖点地。双臂向后伸展,双手十指相扣,胸部向前推。

(5)上半身向前向下俯身折叠,胸部和腹部紧贴大腿,双臂向头顶上方伸展,保持姿势20秒。再做另一侧练习。

8. 骆驼式(见图4.9.36)

图4.9.36

骆驼式可有效消除腰腹部多余的脂肪,美化腰部线条,打造完美纤细的腰身,同时可促进脑部血液循环,滋养面部,也可拉伸肩颈部肌肉,纠正含胸、驼背等不良姿态。

做法:

(1)跪立在垫子上,双膝略微分开。手臂自然垂放体旁,挺直脊柱。

(2)两手托住髋部,吸气,骨盆轻轻向前推,臀部肌肉收紧。

(3)上半身慢慢向后弯曲,先用一只手触摸同侧的脚跟。如果初学者触摸不到脚跟,可将脚跟立起来,脚趾控地。呼气,将另一只手放在同侧脚跟上,头向后放松,尽量向上推腰、胸至最大限度。保持均匀呼吸。吸气,双手依次托住后腰部,缓慢起身。

9. 弓式(见图4.9.37)

图4.9.37

弓式可挤压腰部,消除腰部堆积的多余脂肪,同时可拉伸大腿内外侧肌肉,美化腿部线条。

做法:

(1)腰背挺直,坐在垫子上,双腿向前并拢伸直,双手垂放在身体两侧,眼睛平视前方,调整呼吸。

(2)吸气,上半身微微向前倾,双手扶住两脚大脚趾。

(3)呼气,左手扶住左脚大脚趾动作不变,右臂用力,弯曲右膝,将右脚抬离地面。

(4)右臂继续用力,将右腿向后拉伸到极限,整个身体像一张被拉紧的弓,保持姿势10秒。

(5)放下右腿,休息片刻后,换另一侧重复动作。两侧交替进行6~8次。

(6)练习完成后,慢慢松开双腿,找任意舒服的坐姿,按摩双腿和脚踝,逐渐放松背部肌肉和全身。

（五）瑜伽体式——肩颈舒活

1. 鳄鱼式（见图 4.9.38）

图 4.9.38

鳄鱼式可强化肩膀、腹部、手腕与手臂及腿部，美化腹部线条，预防关节炎，同时可促进末梢循环，预防及改善手脚冰冷或麻痹现象，也可提高注意力。

做法：

（1）俯卧，两腿伸直，脚尖着地，手掌平贴在胸部两侧的垫子上，手肘朝天同时紧靠身体两侧，十指尽量张开，指尖朝前方。

（2）吐气，收紧腹部，撑起身体离地至少 6 cm，使用双手及脚尖支撑身体成为鳄鱼状。

（3）全身呈一条直线，头部与脚跟和地板平行，或抬头直视前方，维持此姿势 5~8 次呼吸的时间。吸气，慢慢将全身放松回地面，侧脸颊贴地休息。

练习提示：严重背痛或手腕关节、肩关节有关节炎状况的人，不可练这个动作。

2. 牛面式（见图 4.9.39）

图 4.9.39

伸展脚踝、臀部和大腿，肩膀、腋窝、三头肌及胸部也得到了伸展。这个姿势可以治愈腿部抽筋，使腿部肌肉保持弹性，使胸部得到完全的伸展，使背部更加挺直，也可使肩关节活动更加自如，背阔肌得到完全的伸展。

做法：

（1）坐在垫子上，双腿伸直向前。两手撑地，抬起臀部，左膝盖弯曲，左腿向后，坐在左脚上。抬起右腿，右腿放在左大腿上，两膝盖上下重叠。抬起臀部，在双手的帮助下，把双脚的脚踝和脚跟相靠。

（2）放松脚踝，脚趾向后。

（3）抬起左手臂，弯曲肘部，把左手由上向下放在背后颈部以下两肩之间的位置。右手则从右下向上抬起直到两手紧扣。

（4）保持这个姿势30～60秒，正常地呼吸。保持颈部和头部的挺直，眼睛注视前方。

（5）松开双手，伸直腿部，在另一侧重复这个姿势。然后松开双手，伸直双腿，放松。

练习提示：有严重的颈部或者肩膀问题者不可练习这个动作。

3. 眼镜蛇式（见图4.9.40）

图 4.9.40

这个体式能让胸部得到完全扩展，脊柱得以充分的锻炼，对于脊柱受过损伤者尤有改善功效。

做法：

（1）俯卧在垫子上，脸朝下，下巴贴地。伸直双腿，双脚靠拢，膝盖绷直，脚趾指向后。手肘弯曲，手掌放在胸部两侧，紧贴地面。

（2）吸气，双手用力按压地面，抬起头部和躯干。保持2次呼吸的时间。

（3）再次吸气，手臂伸直，头部和躯干进一步向上抬升，收紧肛门，双腿绷直，将身体重量放在两腿和双掌上，保持这个体式20秒，正常呼吸。

（4）呼气，肘部弯曲，躯干重新放回地面上。重复这个体式2～3次，然后放松。

练习提示：由于脊柱、胸部和两肩完全地伸展，以及腹部收缩，呼吸会变得急促而困难,因此要格外注意调整呼吸。

4. 动态猫式(见图4.9.41、图4.9.42)

图4.9.41

图4.9.42

动态猫式可缓解肩背酸痛,加强脊柱的流动性,恢复脊柱的活力。

做法:

(1)四肢跪姿准备,缓慢地吸气,延展胸腔提坐骨。

(2)呼气,卷动尾骨,眼睛看向肚脐,再次吸气,让脊柱逐渐延展。

(3)眼睛看向前方,呼气时低头卷动尾骨,腹部收送向内。

练习指导:每一次吸气,延伸脊柱,呼气时卷动尾骨,低头看向尾骨的方向。始终保持腹部内收推向后背。肘窝相对,脚背脚趾下压。

练习提示:练习时,保持核心收缩,避免腰椎段挤压。

5. 人面狮身式（见图 4.9.43）

图 4.9.43

人面狮身式可帮助舒缓肩颈压力,放松上背部,伸展身体前侧。

做法:

(1)俯卧地面进入体式。吸气时,双手依次超前,大小臂成90°,撑起身体向上。保持小臂手指有力下压。

(2)放松肩膀与双腿,打开胸腔,延伸颈部,感受臀部的放松,放松双肩下沉,目视前方。保持5~8次呼吸。

(3)呼气,手臂放松使胸部缓慢落回地面,手臂向后放于身体两侧回到俯卧式休息。

练习指导:小臂下压,胸腔上提;肩膀下沉,颈部上提;臀部放松,脚背脚趾下压。

(六)瑜伽体式——四肢强健塑形

1. 直腿坐姿摩天式（见图 4.9.44）

图 4.9.44

这个体式可以美化双腿线条,拉长手臂,伸展侧腰及腹部前侧。

做法：

（1）手杖式准备，慢慢吸气，抬起手臂向上，双手十指交叉。

（2）翻转掌心向上，眼睛看向上方，呼气时，肋骨回收，大腿下沉。

（3）呼气时，解开双手向下，保持脊柱的伸展。

练习指导：肩膀下沉，下腹收紧，脊柱自然伸展，大小腿肌肉下沉。

练习提示：不要耸肩。

2. 坐姿手臂上举（见图4.9.45）

图4.9.45

这个体式可促进下半身的血液循环，拉长手臂线条。

做法：

（1）吸气手臂向上，掌心相对，沉肩向下。

（2）掌心贴靠，坐姿手臂上举式，保持坐骨下沉。

（3）呼气，落手向下还原坐姿。放松肩膀，眼睛始终看向正前方。

练习指导：大臂外旋，打开胸腔；肩膀下沉，颈部上提。

练习提示：吸气时身体向上伸展。

3. 平板式（见图4.9.46）

图4.9.46

平板式可加强手臂力量,稳定核心,减少腰腹脂肪。

做法:

(1)四肢跪撑准备。缓慢呼气,腿部依次向后,双脚并拢。脚跟向后蹬,胸腔向前推,进入平板式。

(2)保持腹部柔软内收,后方大腿微微内收,头顶尖往前,脚跟向后。

(3)呼气时屈膝,重心后移,至婴儿式放松。

练习指导:肘窝相对,大臂外旋,避免超伸;核心收缩,肚脐柔软内嵌;大腿内旋,稳定髋部。

练习提示:始终保持核心收缩,避免腰椎挤压。

4. 海豚式(见图 4.9.47)

图 4.9.47

海豚式可加强肩关节的稳定性,缓解肩颈僵硬,加强后背力量,有效扩展胸腔,增强呼吸系统功能。

做法:

(1)四肢跪姿准备。呼气时屈臂向下,大小臂分开,与肩同宽,双手推地,踮脚立膝提臀向上,进入海豚式。放松整个颈部。

(2)吸气时提起坐骨向上,呼气时蹬脚跟向下。

(3)下一次呼气,屈膝,脚背平铺,慢慢屈手肘,额头放于手肘处,调整呼吸。

练习指导:小臂下压,腋窝伸展,肩膀上提;背肌收缩;坐骨上提,伸展大腿后侧。

练习提示:始终保持手肘下压,肩膀远离耳朵,维持肩关节稳定,打开腋窝。

5. 广角式(见图4.9.48)

图4.9.48

广角式可打开髋关节及双腿,美化腿部线条。

做法:

(1)自然盘坐于垫上,双脚依次打开,打开到最大幅度,让坐骨压实垫面,双脚回勾。

(2)吸气时延伸脊柱,双手十指交叉,大拇指互抵,放在身体的前侧。保持每一次呼吸时侧腰延展。呼气时继续将双脚内侧推向远端。

(3)下一次呼气,收回双腿,还原坐立。

练习指导:骨盆稳定,大腿内侧伸展,臀肌伸展。

练习提示:避免过度拉伸,不要超越身体极限。

6. 手杖式(见图4.9.49)

图4.9.49

手杖式可美化腿部线条。

做法：

（1）手杖式坐姿，自然坐于垫上，双腿向前伸展。保持双手放在腿部两侧，双脚内侧有力推向远方。

（2）呼气时，双手用力推动，保持脊柱一节一节地向上，维持呼吸的均匀与稳定。

练习指导：脚内侧前推，伸展大腿内侧。大小腿下压垫面，膝盖窝伸展，下腹内嵌，避免憋气，脊柱自然伸展，放松肩部。

练习提示：身体重心不要偏移。

7. 幻椅式（见图4.9.50）

图 4.9.50

幻椅式可有效加强双腿力量，减少臀部脂肪，帮助伸展脊柱。

做法：

（1）山式站立，缓慢呼气，手扶髋，以髋部为折点俯身向前向下，屈膝，进入幻椅式。

（2）保持臀肌收缩，小腿胫骨后推，重心均匀分布于脚掌，每一次吸气，指尖向远方拉长，慢慢抬起身体向上。

（3）呼气，落手向下，还原山式。

练习指导：胫骨后推，保持脊柱自然伸展，避免挤压（膝关节不要超过脚尖）。

练习提示：加深下蹲幅度，保持脊柱的伸展。

8. 战士第二式(见图4.9.51)

图 4.9.51

战士第二式可加强双腿力量,帮助伸展髋关节,加强臀肌力量。

做法:

(1)双腿分开约两肩宽,转动后方脚,脚跟向外。右脚趾尖向正右侧,呼气时沉髋向下,保持前方大小腿成90°。双手向两侧伸展,始终保持脊柱的向上延伸。

(2)每次呼气时,继续沉髋向下,吸气时,拉动脊柱向上。慢慢吸气,立直膝盖,转脚朝前,呼吸时落手向下,还原直立。

(3)反侧练习相同。

练习指导:髋部中正,臀部收紧;膝盖脚尖同向,大腿收缩,膝盖上提。

练习提示:屈膝过程中,保持小腿垂直于垫面。

9. 奔马式(见图4.9.52)

图 4.9.52

奔马式可加强下肢的血液循环,延展脊柱,伸展腹股沟区域,加强呼吸循环系统功能。

做法:

(1)下犬式准备进入。吸气延伸,抬起右腿向上,屈膝收腹,向前来到两手中间。

(2)呼气时,脚背平铺向下,抬起身体向上。双手可放于大腿,再次吸气,手臂带动身体向上延伸。

(3)保持呼吸时沉髋向下,吸气时脊柱延伸。下一次呼气,手臂落送,前脚后撤,再次还原下犬式,继续反侧练习。

练习指导:前侧大小腿折叠90°,髋部下沉,脚背脚趾下压。

练习提示:维持核心收缩,避免挤压腰椎。

五、瑜伽调息

(一)瑜伽呼吸

瑜伽呼吸可净化血液,强壮肺部组织,增强对感冒、支气管炎、哮喘及其他呼吸系统疾病的抵抗力。其通过横膈膜的收缩与舒张可按摩内脏器官。瑜伽呼吸有以下四种方式。

1. 自然呼吸

这是一种非常简单的呼吸方式,自然呼吸非常轻松舒适,可以在任何时间练习。意识完全放在呼吸上,使其逐渐放缓形成一个非常放松的舒适的节奏。在练习自然呼吸法时关键就是要顺其自然,不用刻意引导呼吸以及身体的变化。

2. 腹式呼吸

腹式呼吸是瑜伽中最重要也是最基础的一种呼吸方式。它是我们学习其他呼吸方式或调息的基础。腹式呼吸是通过加大横膈膜的活动、减少胸腔的运动来完成练习的。

腹式呼吸是瑜伽中必学的项目,也是很重要的部分,已慢慢融入人们的生活,经常采用这种呼吸方式可调节身心健康,排出体内浊气。

3. 胸式呼吸

通过扩张和收缩胸腔,利用肺中间的部位来完成呼吸,呼吸同等量的空气时,胸式呼吸要比腹式呼吸需要更多的力气。

这个呼吸方式使横膈膜最大限度地向上提起,从而几乎排空了肺部的气体,又因其呼气的快、强、短,所以对肺和鼻道可以起到净化作用。

4. 肩式呼吸

也称锁骨式呼吸,其实肩式呼吸可以理解为胸腔扩张时的最后一步,是胸式呼吸的延续。有些说法中将腹式呼吸称为肺下叶呼吸,将胸式呼吸称为肺中叶呼吸,而将肩式呼吸称为肺上叶呼吸,由此可见,肩式呼吸主要是肺上叶的部分来参与完成的。

(二)清理经络式

清理经络式可使心性平静,安定血液系统,清除毒素;整个身体由引入体内额外的氧气供应所营养,二氧化碳可有效地排出体外,最终结果是全身健康的巨大改善。

第一阶段:单鼻道轮流呼吸。左鼻道呼吸5次,换右鼻道呼吸5次,此为一轮。

第二阶段:双侧鼻道交替呼吸。保持自然呼吸,左鼻孔吸气,右鼻孔呼气,右鼻孔吸气,左鼻孔呼气,此为一轮。

(三)成功式

保持冥想坐姿。吸气(通过两个鼻道),呼气(通过左鼻道),声音从喉咙到心脏都有,声音应甜美,让人有喜悦感。它的功效主要有缓解失眠,减缓心速。注意事项:高血压和心脏病患者请勿屏息练习。

(四)太阳式

太阳式可让神经安静下来,具有治疗失眠的功效。采用莲花坐或至善坐,用无名指抵住左鼻孔,用右鼻孔吸气,用完全式呼吸。之后用大拇指抵住右鼻孔,用左鼻孔呼气。吸气和呼气的时间一样长。反复10轮,之后仰卧放松。

(五)风箱式

风箱式可清洁鼻窦,加强清洁肺部,燃烧腹部多余脂肪,按摩腹脏器官,唤醒能量。快速地吸气与呼气,双鼻道练习15次,最后1次呼气后加外屏息。最初练习时可练习10次风箱式调息加上1次太阳式调息。注意事项:不适合体质较弱的人及肺活量不大的人。

参考文献

[1]吴兆祥.中华气功溯源[J].安徽大学学报(自然科学版),1991,15(3):4.

[2]姬爱冬.论气功动功源于舞蹈[J].中国气功,1996(7):28-28.

[3]李金龙,张晨昕.习练健身气功与涵养道德关系之伦理学思考[J].山西大学学报(哲学社会科学版),2017,40(6):110-118.

[4]石展望.健身气功新功法的创编及其价值分析[J].山东体育学院学报,2009,25(5):18-20.

[5]丁丽玲.论健身气功文化特征[J].体育文化导刊,2010(5):132-134.

[6]杨红光."八段锦"源流及其文化内涵探析[D].郑州:郑州大学,2011.

[7]沈鸿森."八段锦"的练习特点[J].上海体育学院学报,1992(2):1.

[8]国家体育总局健身气功管理中心.健身气功·八段锦[M].北京:人民体育出版社,2003.

[9]吴名.从经络脏腑角度浅析健身气功"八段锦"的作用机理[J].国际中医中药杂志,2012,34(9):2.

[10]辛哲.健身气功八段锦历史发展的审视及其价值实现路径选择[J].沈阳体育学院学报,2015,34(4):135-140,144.

[11]马君,刘玉珍,郝锦.穴位保健操在疗养保健中的应用[J].解放军医药杂志,2011,23(4):2.

[12]林佳楚松静自然自发功[J].气功杂志,2000(7):324-325.

[13]黄健.浅析健身气功的基本内涵[J].山东体育学院学报,2013,29(4):42-45.

[14]曾庆明.《黄帝内经》情志病调摄[J].长春中医药大学学报,2014,30(1):3-5.

[15]程宏斌.论"心火脾湿受风而成"为湿疮病机本质[J].辽宁中医杂志,2013,40(3):3.

[16]司红玉.健身气功·五禽戏之身体文化研究[J].西安体育学院学报,2007(1):56-59.

[17]杜国友.传统体育养生实践类型论析[J].广州体育学院学报,2016,36(2):64-68,75.

[18]司红玉.健身气功五禽戏的养生之道[J].中国临床康复,2006(47):145-147.

[19]林飞."五禽戏"的养生保健作用及其应用研究[D].南京:南京中医药大学,2010.

[20]国家体育总局健身气功管理中心.健身气功·五禽戏[M].北京:人民体育出版社,2003.

[21]刘宇星.健身气功·五禽戏的意、劲、韵[J].搏击(体育论坛),2013,5(1):88-91.

[22]凌召.形意拳《内功经》图解(续)[J].搏击,2004(4):4.

[23]周琦,周亚东.论华佗五禽戏调气养生之道[J].中医学报,2019,34(11):4.

[24]夏梦幻,王庆其.基于《黄帝内经》"浅析脾胃为脏腑之本"[J].中华中医药杂志,2018,33(9):3856-3858.

[25]金玉柱,李丽,董刚,等.健身气功的道家生命哲学探赜:基于"形、气、神、志"的辩证视角[J].西安体育学院学报,2022,39(1):97-103.

[26]魏春,张卓文,傅晓璇,等.基于中医理论解读《童蒙止观》观息养生法要[J].中华中医药杂志,2022,37(6):3018-3021.

[27]刘健.健身气功·五禽戏对长期伏案工作者颈、腰关节活动度的干预效果研究[D].南宁:广西民族大学,2018.

[28]邱丕相.中国传统体育养生学[M].北京:人民体育出版社,2007.

[29]李怀之."熊经"新解[J].古汉语研究,1995(4):69.

[30]魏燕利.《易筋经》作者"紫凝道人说"新探[J].上海师范大学学报(哲学社会科学版),2016(5):7.

[31]窦思东,许瑞旭,吴南茜,等.健身功法易筋经的现代应用研究[J].中华中医药学刊,2017,35(5):1083-1085.

[32]程大力.魏晋已有"易筋"说[J].体育文史,2001(3):32.

[33]国家体育总局健身气功管理中心.健身气功·易筋经[M].北京:人民体育出版社,2003.

[34]徐海朋.导引概念源流考略[J].体育科学,2015,35(1):88-92,97.

[35]粟李琴.易筋经导引法的临床应用现状[J].湖北中医杂志,2022,44(5):4.

［36］胡三泰.结合中医经筋理论的易筋经研究［D］.上海：上海中医药大学，2010.

［37］曾鹏飞，章文春，刘争强.基于中医内证体察探析健身气功·易筋经体察人体之气［J］.中华中医药杂志，2022，37（6）：3377-3379.

［38］高亮，王宇新.“六字诀”养生文化的起源、流变及其要义［J］.体育与科学，2019，40（3）：6.

［39］何兰娟，田永衍.《诸病源候论》“六字气诀”治疗五脏病候探析［J］.辽宁中医杂志，2015，42（5）：966-967.

［40］代金刚，张明亮.《诸病源候论》呼吸吐纳法浅探［J］.中医杂志，2016，57（3）：267-270.

［41］智颉.童蒙止观.上海：上海古籍出版社，1989.

［42］孙思邈.备急千金要方校释［M］.李景荣，等，校释.北京：人民卫生出版社，2014.

［43］胡愔.黄庭内景五脏六腑补泻图［M］.金芷君，校注.北京：中国中医药出版社，2016.

［44］高濂.遵生八笺校注［M］.赵立勋，等，校注.北京：人民卫生出版社，1994.

［45］吴诚德.去病延年二十式图解［M］.北京：人民体育出版社，1984.

［46］沈寿.试论晋代葛洪《抱朴子》谈导引和行气［J］.成都体育学院学报，1980（1）：12.

［47］范铜钢，虞定海.健身气功四套功法技术衍变研究［J］.中华中医药杂志，2019，34（2）：729-733.

［48］国家体育总局健身气功管理中心.健身气功·六字诀［M］.北京：人民体育出版社，2003.

［49］刘峰，邢锐，陈昌乐.中医气功治疗八法探析［J］.中华中医药杂志，2019，34（6）：2791-2793.

［50］刘立安，孟月，周立群，等.基于天人合一的古音六字诀音韵学溯源［J］.中华中医药杂志，2019，34（12）：5561-5565.

［51］张岩.健身气功·五禽戏对北京第二外国语学院退休职工睡眠质量影响研究［J］.武术研究，2018，3（12）：111-112.

［52］雷斯利·卡米诺夫，艾米·马修斯.瑜伽解剖学（全彩图解第2版）［M］.黄海枫，译.北京：人民邮电出版社，2016.

［53］B.K.S.艾扬格.瑜伽之光［M］.北京：当代中国出版社，2017.

［54］亓昕.瑜伽教程［M］.北京：北京大学出版社，2013.

［55］克里斯滕·布特拉.功能性瑜伽提升运动能力及预防损伤的解决方案［M］.北京：人民邮电出版社，2019.

［56］陈玉娟，李立，杨惠玲.功能性瑜伽［M］.成都：电子科技大学出版社，2020.

第五章　常见运动损伤及康复

第一节　常见运动损伤的类型

运动损伤指运动过程中发生的各种损伤,是人们在体育运动过程中发生的、造成人体组织或器官的解剖损伤或生理紊乱的一类伤害,其损伤部位与运动项目以及相关专项技术特点有关。如体操运动员受伤部位多是腕、肩及腰部,与体操动作中的支撑、转肩、跳跃、翻腾等技术有关。网球肘多发生于网球运动员与标枪运动员身上。运动损伤中急性多于慢性,急性损伤如治疗不当或因运动员过早参加训练等可转化为慢性损伤。常见运动损伤主要有以下几种类型。

一、擦伤

擦伤可表现为抓痕、擦痕、撞痕、压痕、压擦痕等。擦伤是伤害程度较浅的损伤,大多表现为表皮擦伤。

二、扭伤

扭伤是在运动过程中,关节部位因突然扭转而出现的损伤。损伤部位疼痛肿胀和关节活动受限,多发于腰、踝、膝、肩、腕、肘、髋等部位。

三、挫伤

挫伤是指在钝重器械打击或外力直接作用下皮下组织、肌肉、韧带或其他组织受伤,而伤部皮肤往往完整无损或只有轻微破损。若在运动过程中发生挫伤,对于轻度挫伤者,一般无须特殊处理,可于48小时内在损伤处进行冰敷,72小时后进行热敷,一般1周后可恢复,对于重度挫伤者,在进行简单的处理后应及时送往医院进行相应治疗。

四、肌肉拉伤

肌肉拉伤是指运动过程中由于肌纤维撕裂而导致的损伤,主要是由过量运动或准备活动不充分而导致的。患者可以根据受伤处的疼痛程度来判断受伤的轻重,一旦疼痛感较强则应立即停止运动,并采取处理措施。肌肉拉伤可发生在肌腹与肌腱分界处,也可发生在肌腱附着于骨骼处。拉伤可能是细微的损伤，也可能是肌纤维部分撕裂，甚至是完全断裂。一般表现为伤处疼痛、局部肿胀、肌肉紧张或抽筋，有明显的压痛。肌肉拉伤可分为主动拉伤和被动拉伤两种形式。主动拉伤是由于肌肉做主动的猛烈收缩时，其力量超过了肌肉本身所能承担的能力；被动拉伤是由于肌肉用力牵伸时超过了肌肉本身特有的伸展程度。

五、脱臼

脱臼即关节脱臼，伴有疼痛、肿胀、功能障碍，以及畸形、弹性固定、关节盂空虚。一旦出现脱臼，应让患者保持不动，注意不可揉搓脱臼部位，可先对脱臼部位进行冷敷，随后包扎固定脱臼部位，保持关节固定后，立即送往医院进行矫正治疗。

六、骨折

发生骨折时会出现疼痛、肿胀、功能障碍，可伴有畸形、异常活动、骨擦音或骨擦感。骨折可分为两种：一种是皮肤表皮不破，没有伤口，断骨不与外界相通，称为闭合性骨折；另一种是骨头的尖端穿过皮肤，有伤口与外界相通，称为开放性骨折。

七、鼻出血

鼻出血是鼻部受到外力撞击，从而致使鼻内毛细血管破裂而造成的出血。人的鼻内异常脆弱，在运动过程中应注意保护。

八、脑震荡

脑震荡是指头部遭受外力打击后，即刻发生的短暂的脑神经功能障碍，表现为短暂性昏迷、近事遗忘以及头痛、恶心和呕吐等症状，神经系统检查无阳性体征发现。

第二节　长期损伤的成因

运动损伤与正常生活中的一般损伤有所不同，它的发生与准备活动、心理预期、技术水平、训练负荷、训练方法、场地设备等密切相关。根据目前国内外的综合研究，可将运动损伤的成因归纳为以下几种情况。

一、准备活动不充分

运动前的准备活动可以通过迅速提升肌肉的温度，从而加快人体肌肉的新陈代谢，达到提高中枢神经系统兴奋性的目的。当运动员从相对静止到提高速度时，其身体内的结缔组织囊、梭内肌纤维、感觉纤维与运动纤维通过对血液中能量的水解做功，以保障相对运动效果。如果准备活动不充分，肌肉黏滞性过高会导致肌肉过分僵硬，长时间肌肉收缩引起的缺血会导致运动员肌肉痉挛与关节疼痛,增加运动损伤的风险。

二、技术水平

一般而言,技术水平差、理论知识不足、技术动作错误、肌肉发力不正确,更容易造成身体损伤。从人体组织结构负荷承载角度来看,运动损伤是一种人体的自我保护机制。关节承载超过一定限度时会改变自身排列,使得技术动作形成异常,继续训练则会加速关节异常。神经系统通过这种异常使得运动员保持运动状态,从而导致关节压力进一步增加,加大运动损伤的风险。

三、训练安排不合理

体育运动训练的目的是促进运动员耐力、平衡感、力量等全方面发展。受运动训练条件限制,通常教练员会选择统一的训练方法进行集中训练,而很少进行针对性训练,且长时间进行超负荷训练,使运动员体能透支,肢体关节承受的负荷超出一般水平,容易造成运动损伤。

四、天气、场地、设备等客观原因

一般夏季高温和冬季寒冷的情况下更容易发生运动损伤,另外场地、设备等质量低下,也会增加运动损伤的风险。

五、重复性创伤

根据区域相互依赖理论可知,某一肌群受损后,相邻肌群增加受损的可能性更大,因此受到损伤后康复训练不足,也会造成同一部位的重复性创伤。

第三节　常见运动损伤的预防和治疗方法

一、常见运动损伤的预防

在日常训练过程中,运动损伤现象多数可见,如何有效减少甚至避免这种现象,成为众多教练员关注的问题。运动系统的劳损,大多是长期局部负荷量过大所导致的。为了减少运动员在运动过程中所产生的损伤,教练员应主动学习并了解各种运动损伤的相关知识,严格遵守运动训练的各项原则,加强自身预防运动损伤的思想保护意识,避免因个人疏忽而产生运动损伤。具体预防措施见以下几点。

(一)掌握科学的训练方法

在日常训练过程中,只有掌握科学的训练方法,适当地进行符合运动员身心发展的体育锻炼,才能将运动损伤的概率降低到最低。在训练过程中要做到全面性、渐进性和个别性。科学的训练方法包括分解训练法、完整训练法、重复训练法、间歇训练法、持续训练法、变换训练法、循环训练法、比赛训练法等。教练员在教学过程中应针对不同运动员合理运用、不断优化、改进此类训练方法手段,合理安排课程密度,正确引导运动员掌握科学的训练方法,减少运动损伤。

(二)做好充分的准备活动

准备活动可调整中枢神经系统的兴奋作用,增强氧运输系统的机能,升高体温,降低肌肉黏滞性,增强皮肤血流和痕迹效应的生理作用。运动前合理充分的准备活动,可为运动员的后续运动训练和比赛打好基础。准备活动不充分也是造成运动损伤的重要原因。

(三)合理安排训练负荷强度

训练负荷强度安排不合理是造成运动损伤的重要原因之一。教练员应根据人体生理机能活动规律,针对不同年龄、性别、身体状况等因素合理安排训练负荷强度,来有效降低运动损伤的发生概率,提高运动员的训练效率。教练员应了解运动员的身体情况,针对不同特点的项目,做到因材施教,制订合理的、具有差异性的训练计划。在训练过程中要逐步增加训练负荷强度,不可盲目加大训练负荷强度,以防机体因一时不适造成运动损伤。

(四)注意放松活动

放松活动是指运动员在训练后通过机体放松的方式使呼吸与心率恢复到平稳状态,体温恢复到正常水平,肌肉的应激反应恢复到运动前的正常状态,是运动员训练后所做的较轻松的加速机体恢复的练习,可有效减少肌肉的酸痛感,消除运动员在运动过程中产生的疲劳,使肌肉血流量增加,加速乳酸利用,并且可预防因活动骤停所引起的机能失调。从预防运动员运动劳损的角度来讲,放松活动与准备活动一样在运动训练中起着至关重要的作用。

(五)加强运动中的自我保护意识

运动员在运动过程中除做好充分的准备活动和运动后的放松活动之外,加强运动中的自我保护意识也十分重要。在运动过程中如感受到身体严重强烈的反应,应立即停止运动,以免造成无法挽回的后果。训练中同时也要注意身体同一部位受力过重,训练负荷强度以及负荷量过大且持续较久,超过身体所能承受的正常范围时,极易造成运动损伤。此外,还应了解对日常训练后造成的肌肉酸痛、关节不适所采用的处理方法,在此类现象早期,可通过整理活动、营养手段、物理手段、心理手段进行缓解,若疼痛继续加重,应立即送往医疗机构进行相应治疗。

（六）创造安全的训练环境

在进行体育运动前，应严格检查体育器材、设备、场地等是否达到安全标准，认真查看场地内有无危险物品，以免因不良环境因素造成运动损伤。例如：在学习标枪、铁饼的过程中，要注意前后是否有人；训练前应检查自己是否携带尖锐物品，在运动过程中不允许穿戴耳饰、项链、手链等有可能造成伤害的物品；运动过程中应穿着运动服、运动鞋。

（七）加强易劳损部位的训练

身体中易劳损部位极易受到伤害，所以在训练过程中我们应加强此部位的训练，将伤害降到最低值。例如，为了预防膝盖、脚踝损伤，在训练前应充分进行膝盖、脚踝的准备活动，降低损伤风险。

二、常见运动损伤的治疗方法

（一）擦伤的治疗方法

若擦伤伤口内明显有异物，需先用生理盐水或酒精清理干净。若伤口干净，则需涂上碘伏或相应药膏，贴上创可贴一般即可自愈。较严重的擦伤首先需要止血，酌情采取冷敷法、抬高肢体法、绷带加压包扎法、手指直接指点压止血法等方法进行处理，必要时到医院进行伤口清洗、缝合、上药、包扎等处理，以免感染或流血过多。

（二）扭伤的治疗方法

对于扭伤患者首先需采取止血、止痛措施。可把受伤者肢体抬高，用冷水淋洗伤部或用冷毛巾进行冷敷，使血管收缩，减轻出血程度和疼痛。不能乱揉动，防止加大出血量。可在受伤处垫上棉花，用绷带加压包扎。简单处理后应立即将伤者送往医院进行进一步的医疗处理。

（三）挫伤的治疗方法

对于挫伤患者，可用冷毛巾进行冷敷，使血管收缩，减轻出血程度和疼痛，也可在受伤处垫上棉花，用绷带加压包扎。简单处理后应立即将伤者送往医院进行进一步的医疗处理。

（四）肌肉拉伤的治疗方法

对于肌肉拉伤患者，可在其疼痛处敷上冰块或冷毛巾，冰敷时长约为 20～30 分钟，可以进行多次冰敷，以使小血管收缩，减少局部充血、水肿。切忌搓揉及热敷。

（五）脱臼的治疗方法

对于脱臼患者,可以先冷敷,扎上绷带,保持关节固定不动后,立即送往医院进行矫正治疗。

（六）骨折的治疗方法

对于开放性骨折患者,应用消毒纱布对其伤口做初步包扎、止血后,再用平木板或夹板固定送医院处理。骨折后肢体不稳定,容易移动,会加重损伤,导致剧烈疼痛,可找木板、塑料板等将肢体骨折部位的上下两个关节固定起来,固定后立即送往医院治疗。

（七）鼻出血的治疗方法

让受伤者坐下来,用拇指和食指捏住鼻子,暂时用口呼吸,然后用纱布或干净的软纸塞住鼻孔,用冷毛巾敷在前额和鼻梁上,一般即可止血。如仍不止,应到医院检查、处理,及时采取有效措施,防止大量出血出现休克。

（八）脑震荡的治疗方法

轻度脑震荡的患者,安静卧床休息一二天后,即可恢复。对于中、重度的脑震荡,要保持伤员绝对安静,仰卧在平坦的地方,头部冷敷,注意身体的保暖,并及时送医院治疗。

参考文献

[1]黄涛.运动损伤的治疗与康复[M].北京:北京体育大学出版社,2010.

[2]王雪飞.运动损伤的病因分析及预防措施[J].运动人体科学,2021(11):28-31.

[3]张蒙.常见运动损伤的产生原因及预防措施[J].速读旬刊,2017(2):16-27.

[4]陈倩苇.青少年运动损伤风险因素及预防[J].当代体育科技,2020(26):66-67.

第六章 社区运动健康管理仪器测试示例

示例一：运用能量代谢测试仪测试一次慢跑代谢

一、测试目标

通过测量一次慢跑代谢测试，评定社区居民跑步前后的身体机能状态，从而使训练监控更加快速、便捷，同时也为社区健身指导工作者提供依据和实用方法。能量代谢与运动训练的关系非常密切，监控运动训练对提高社区居民的训练效率具有重要意义。常见能量代谢测试仪如图6.1.1所示。

图 6.1.1 常见能量代谢测试仪

二、能量代谢测试仪介绍

能量代谢测试仪主要用于实时侦测有氧呼吸以及糖酵解作用中细胞能量代谢的状态，可同时进行活体细胞内线粒体耗氧速率和糖酵解产酸速率的实时、定量、全自动测定和分析。细胞能量代谢技术近年来已经发展成为细胞生物学研究中的重要工具，能量代谢测试仪可广泛应用于生命科学和医学的前沿领域：能量代谢学，线粒体，生理、生化、免疫功能和监控研究，干细胞研究，药理学和新药筛选，环境监控，神经生物学，血液学，肿瘤学等。具体操作步骤见图6.1.2。

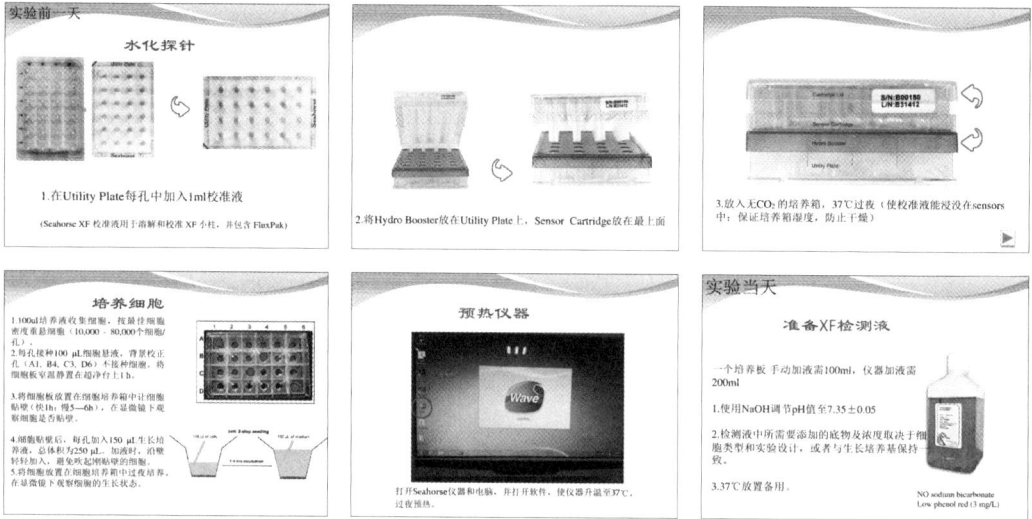

图 6.1.2　能量代谢测试仪操作步骤

三、操作注意事项

（1）本仪器涉及培养液,进行测试时,请戴手套。

（2）避免仪器置于48℃以上、过于潮湿或者强光直接照射的环境。

（3）请小心使用此仪器,错误的操作、磕碰、掉落等会造成仪器损坏。

示例二:运用乳酸盐分析仪测试运动后血乳酸的变化

一、测试目标

了解社区居民在专项步法后的运动强度,评定居民训练前后的身体机能状态,可使训练监控更加快速、便捷,同时也为科学训练与监控提供依据和实用方法。血乳酸与运动训练的关系非常密切,监控运动后血乳酸水平对提高运动员的运动成绩具有重要意义。

二、乳酸盐分析仪介绍

Lacate-Scout便携式乳酸盐分析仪(德国)(见图6.2.1)采用新的电子生物化学技术进行血乳酸浓度的快速测定。评价运动员的训练强度和机能状况,对血液中逐渐变化的乳酸盐含量进行测试,可以很好地反映个体的训练水平和疲劳状态,为专业运动训练、健身运动提供最可靠有效的指标分析,帮助制订科学合理的训练强度,及时发现和避免无效的训练。

通过专用测试条和舒适的转轮按钮可实现快速、简单的操作。只需要一滴(0.5μl)全血作为测试样品,15秒即可完成测定,可记忆250个测定数据。其内置计时器,支持连续定时测试,采用电极式测试条,可在室温下保存1年。

图6.2.1　Lacate-Scout便携式乳酸盐分析仪(德国)

其技术参数见表6.2.1。

表6.2.1　乳酸盐分析仪技术参数

测试试纸:专用试剂条
样　本　量:0.5μl末梢血
测试时间:15秒
测试范围:0.5～25.0mmol/l
校正方法:用定标试纸条自动选择校正曲线
校　正　值:3%～8%(由样品浓度决定)
结果存储:250个测定数据,可与电脑连接,需购买专用数据线,安装软件中包括个体的训练监控程序
体　　　积:90mm×50mm×20mm
重　　　量:约85.1g(带电池)
电　　　池:2节7号干电池

三、辅助器材

(1)一次性手套;

(2)专用测试条;

(3)医用棉签;

(4)酒精棉;

(5)采血针、采血管。

四、操作程序

（1）使用测试仪前，测试人员须熟悉测试程序，对仪器机身进行检查，确保仪器正确使用和电量充足，并提前准备好采指尖血样的相关器材，如采血针、棉签、75%酒精、采血管及试纸条等。

（2）确保试纸条型号与测试仪器匹配，并在仪器上校正试纸条代码。

（3）将试纸条正确插入测试仪器卡槽，然后用酒精消毒棉球对指尖进行消毒，去掉采血针的针头套，对准已消毒的指尖部位，用手指稍用力挤住指尖后往下用力一按采血针，用医疗棉签把第1滴血抹去，取受试者安静时手指末梢0.5μl血样本量。

（4）将已插在测试仪器的试纸条的吸血口或采血管对准血珠采集即可。

（5）根据测试仪显示屏读取检测结果并记录，同时对检测结果进行分析。

采用专用试剂条，用采血针取受试者安静时、测试前、运动后即刻手指末梢0.5μl血样本量，测定血乳酸的基础值。

五、操作注意事项

（1）本仪器涉及血液，在进行测试时，请戴手套。

（2）取血部位应消毒；用过的测试条、酒精棉、采血针等废弃物请按相应的要求处理。

（3）当仪器本身不慎与血液接触时，应使用酒精擦拭仪器。

（4）避免将仪器置于48℃以上、过于潮湿或者强光直接照射的环境。

（5）请小心使用此仪器，错误的操作、磕碰、坠落等会造成仪器损坏。

（6）受试者测试前24小时避免大强度运动，餐后2小时测试。

示例三：运用肺功能测试仪测试肺功能

一、测试目标

通过肺功能测试来数据化反映测试人群的各项指标情况，以此来提前预防慢阻肺以及其他肺功能方面的慢性病，并做出适合的运动方案来提升社区居民的肺功能。

二、肺功能测试仪介绍

肺功能测试仪（见图6.3.1）是用于测量由肺部吸入和呼出的空气体积的一种医疗器械，可以进行肺功能测试并追踪肺部健康情况，可测量FVC（用力肺活量）、FEV1（一秒量）、FEV1/FVC（一秒率）等常用肺功能检测参数。

肺功能测试仪由主机、流速传感器和鼻夹组成，在呼吸内科、胸科、职业病防治机构、医院体检、诊所、家庭等环境下使用，用于肺功能测试并追踪肺部健康情况，是一种轻便可携带的肺功能检测仪。

图6.3.1　肺功能测试仪

三、辅助器材

辅助器材有体重秤和卷尺,在测试前要输入测试者的体重和身高参数。

四、测试的步骤和流程

步骤:打开电源开关进入输入信息的界面,输入测试者信息,包括年龄、身高、体重、性别、人种,然后进入测试。测试前接好滤室和口件,指导测试者取立姿、夹上鼻夹、不能漏气和咳嗽,以及学会完全用嘴呼吸,并使测试者领会测试要点。

1. VC(肺活量)的操作流程

①点击VC图标。

②点击START图标开始测试。

③测试者用鼻夹夹着鼻子(注意不能漏气),用嘴含着口件进行正常呼吸2次之后,缓慢用力地将肺部气体呼出来,呼到肺部已经没有气体,再缓慢用力地将气体吸进肺部,吸到肺部已经装不下气体之后,恢复正常呼吸1次,按STOP键停止VC检测。

2. FVC的操作流程

①点击FVC图标。

②点击START图标开始测试。

③测试者用鼻夹夹着鼻子(注意不能漏气),用嘴含着口件进行正常呼吸1~2次之后,快速用力地吸一口气,吸到肺部装不下气体,然后快速用力地将肺部的气体呼出来,呼的时候尽量坚持6秒,按STOP键停止FVC检测。

3. MVV(每分钟更大通气量)的操作流程

①点击MVV图标。

②点击START图标开始测试。

③测试者用鼻夹夹着鼻子(注意不能漏气),用嘴含着口件进行连续用力的深呼吸,呼吸到12秒仪器自动停止。

4. 打印报告

五、操作注意事项

（1）点按 Run Test前要让自己平静下来，不说话。

（2）点按 Run Test后，要等蓝灯亮起再吹气。

（3）吹气时要在一开始就用力将胸腔的气都吹出来。

（4）加强和测试者的沟通交流，要有耐心，消除其抵触心理，为测试者边讲解边做示范，让测试者模拟训练后再做测试。

（5）确保肺功能测试仪处于良好的检测状态，检测人员已做好准备，且操作技术成熟。

附　录

附录一　健康状况问卷

常规健康问题

请认真阅读以下10个问题并根据真实情况回答。

(1)你有没有从医生那里听说自己患有心脏病或者高血压?

(2)你在日常生活中或从事运动时有无胸部疼痛?

(3)最近12个月,有没有因为眩晕而丧失平衡或意识?

若你的眩晕与过度通气(包括剧烈运动)相关,请回答"否"。

(4)除了心脏病和高血压,你是否已被诊断出其他慢性病?

请将病名填入:

(5)有没有长期服药?

请填上所用药品的名称和所需的剂量:

(6)当前(或最近12个月)有没有骨骼、关节或软组织(肌肉、韧带或肌腱)的问题?

如果你过去有问题,但现在并不影响你开始进一步的运动,请回答"否"。

请填写存在的问题:

(7)是否曾经听医生说过你只能在医务监督(有专业人士监督或仪器监测)下进行体力活动?

(8)以下亲属中若有人在50岁以前死于心脏疾患,请画出:

父亲　母亲　兄弟　姐妹　祖父母

(9)最近一次医学体检的日期＿＿＿＿＿＿＿

(10)最近一次体适能测试的日期＿＿＿＿＿＿＿

如果以上问题你的回答都为"否",说明你可以安全地参加进一步的体力活动。

你可以跳过下面问题,直接在最后的"参与者声明"中签名。

建议

· 应循序渐进地开始进一步的运动。

· 根据《中国人群身体活动指南》对应年龄的推荐进行运动。

· 可以进行健康和体适能评估。

· 69岁以上的人，经常进行高强度锻炼的，在进行高强度锻炼之前，应咨询运动专业人士。

· 如有其他问题，请与运动专业人士联络。

如果你对上述问题的回答中有一个或者多个"是"，那么就继续完成下面的问题。

如有下列情况，暂停继续进行更多的锻炼：

1. 在急性病程中，例如患有严重的感冒等，应在症状消失后进行锻炼。

2. 怀孕期间，在进行下一次锻炼前，咨询医生和运动专家，并完成调查。

3. 在进行体育锻炼之前，如身体状况有所变化，应先填好下列调查表，再向医师或运动专业人士咨询。

疾病补充问题

1. 是否患有关节炎、骨质疏松或者有腰部的问题？

如果回答"是"，请接着回答1a—1c；若回答"否"，则跳至问题2。

1a. 在药物或其他医学治疗后，情况是否依然不能得到有效的控制？

（若你暂时未服药或未接受其他医学治疗，回答"否"）

1b. 有无关节问题导致的疼痛、近期骨折或因骨质疏松或癌症引起的骨折、椎体移位（例如：滑脱症）或峡部裂/峡部缺陷（例如：脊柱背侧的椎骨弓裂纹）？

1c. 3个月内有没有规律地使用类固醇药物？

2. 是否患有癌症？

如果回答"是"，请接着回答2a—2b的问题；若回答"否"，则跳至问题3。

2a. 是否患有肺/支气管、多发性骨髓瘤、头部和颈部癌症？

2b. 现在有无接受癌症疗法（例如：化学疗法和放射疗法）？

3. 有无心脏病或者心血管方面的问题？主要有冠心病、心力衰竭、心律不齐等。

如果回答"是"，继续回答问题3a—3d；若回答"否"，则跳至问题4。

3a. 是否在药物或其他医学治疗后仍然无法很好地控制病情？

（如你暂时未服药或未接受其他医学治疗，回答"否"）

3b. 有无心律不齐需要进行治疗？（例如：房颤，室性早搏）

3c. 是否有慢性心力衰竭？

3d. 是否有确诊的冠状动脉（心血管）疾病，且在最近的2个月中没有参加规律的体力活动？（回答"是"或"否"）

4. 是否有高血压？

如果回答"是"，继续回答问题4a—4b；若回答"否"，则跳至问题5。

4a. 是否在药物或其他医学治疗后仍然无法很好地控制血压？

（若你暂时未服药或未接受其他医学治疗，回答"否"）

4b. 静息血压在160/90mmHg以上，不论服用药物或不服用药物？

（不清楚静压值是多少，请回答"是"）

5. 代谢紊乱吗？主要是1型、2型糖尿病和前期糖尿病。

如果回答"是"，请接着回答5a—5e；若回答"否"，则跳至问题6。

5a. 在饮食控制、药物或其他医学治疗后，血糖控制仍不佳吗？

5b. 在锻炼和/或日常生活中，有没有频繁的低血糖症状和体征？低血糖主要表现为颤抖，紧张，异常烦躁，异常出汗，眩晕，精神错乱，说话困难，虚弱或嗜睡。

5c. 有无糖尿病并发症的表现或体征？例如：心血管、眼睛、肾脏或足部感觉异常。

5d. 有无其他代谢疾病(例如：妊娠糖尿病、慢性肾脏疾病、肝病)？

5e. 有没有计划在短期内进行高强度(或者更高强度)的锻炼？

6. 有没有心理问题或者学习上的困难？包括阿尔茨海默病、抑郁症、焦虑症、饮食失调、精神异常、智力残疾、唐氏综合征。

如果回答"是"，继续回答问题6a—6b；若回答"否"，则跳至问题7。

6a. 是否在药物或其他医学治疗后仍然无法很好地控制病情？

(如你目前未服药或未接受其他医学治疗，回答"否")

6b. 您是否患有唐氏综合征或背部疾病影响神经和肌肉？

7. 是否患过呼吸系统疾病？主要有慢性阻塞性肺疾病、哮喘、肺高压等。

如果回答"是"，继续回答问题7a—7d；若回答"否"，则跳至问题8。

7a. 是否在药物或其他医学治疗后病情仍然无法控制？

(若你暂时未服药或未接受其他医学治疗，回答"否")

7b. 有没有听医生说，当你休息或锻炼时，你的血液含氧量会降低？或者你是否需要进行氧气支持？(回答"是"或"否")

7c. 你有气喘，胸闷，呼吸困难，咳嗽持续2天，或在过去1周内使用过2次急救药物吗？

7d. 你有没有从医生那里听说你有肺部血管高血压？

8. 脊髓有没有受伤？包括肢体瘫痪和半瘫痪。

如果回答"是"，请接着回答8a—8c；若回答"否"，则跳至问题9。

8a. 是否在药物或其他医学治疗后仍然无法很好地控制病情？

(若你暂时未服药或未接受其他医学治疗，回答"否")

8b. 有没有频繁地发生静息血压过低并导致头晕、眩晕或晕倒？

8c. 你有没有听说过自己患有突然的高血压？

9. 有没有中风？主要有短暂的脑缺血发作和脑血管事件。

如果回答"是"，继续回答问题9a—9c；若回答"否"，则跳至问题10。

9a. 是否在药物或其他医学治疗后仍然无法很好地控制病情？

(如你暂时未服药或未接受其他医学治疗，回答"否")

9b. 有没有行走或运动方面的困难？

9c. 最近6个月有没有发生过脑卒中或肌肉损伤？

10. 有没有其他的病症,或者有两种或更多的病症?

如果回答"是",请接着回答10a—10c;若回答"否",请直接读下面的"建议"。

10a. 最近12个月中,有无因头部损伤而昏迷? 或者在过去12个月中有没有被诊断出有脑震荡?

10b. 是否有其他疾病(例如:癫痫,神经系统疾病,肾脏疾病)?

10c. 目前是否同时存在两种或两种以上的疾病?

请填写疾病及其治疗药物的名称:

建议

咨询运动专家,请他帮你制订一个安全、有效的体力活动计划以达到目的。

循序渐进:从每周3~5次20~60分钟低到中等强度的有氧运动和力量训练开始,逐步增加到每周150分钟或更长时间的中等强度运动。

69岁以上的人,经常进行高强度锻炼的,在进行高强度锻炼之前,应咨询专业人士。

如果疾病补充问题中你有一个或多个回答为"是"

在参加进一步的体力活动或体适能评估之前咨询专家。填写专门设计的筛查问卷并进行运动咨询。

如果有以下任何情形,请暂缓开始进一步的运动:

1. 在急性病程中,例如患有严重的感冒等,应在症状消失后进行锻炼。

2. 怀孕期间,在进行下一次锻炼前,咨询医生和运动专家,并完成调查。

3. 在进行体育锻炼之前,如身体状况有所变化,应先填好下列调查表,再向医师或运动专业人士咨询。

此调查问卷必须严格遵循原始资料,不得更改;

未满法定年龄的儿童必须接受咨询或获得医生的同意,请家长和医生在下面签名。

如果你对所有有关疾病的补充问题的回答为"否",那么你就可以进行更多的身体锻炼了,请在下面的"参与者声明"中签名。

参与者声明

本人已经阅读并完全理解且仔细地完成了这份调查表,同意这份调查表在本人签字后12个月内有效,并且在本人的健康情况发生变化时,它将会失效。本人了解委托人可获得此调查问卷的副本。所以,委托人必须遵守当地和国家的个人卫生资讯储存条例,以保证委托人对个人资料的保密性,不得滥用或不正确地公布。

姓名:　　　　　　性别:　　　　　　出生年月:

身份证:　　　　　　电话:　　　　　　紧急联系人手机:

通信住址:

附录二　运动前健康筛查问卷

评估个体的健康情况,勾选对应情况

第1步

症状和体征

劳力性胸部不适

无原因的呼吸困难

眩晕、晕厥、黑蒙

踝关节水肿

剧烈、快速或不规则的心跳产生的不适感

短途步行时有"抽筋样"的下肢灼热感

已知的心律失常

如果出现症状栏中的任何情形,请不要再询问,应在开始或重新进行锻炼之前接受医疗检查。患者可能需要医疗监护。

若未选择任何征兆,则进行第2和第3步。

第2步

当前活动

是否接受至少3个月的连续3天、每周30分钟、中等强度的有计划有系统的身体锻炼?

是或否

继续第3步

第3步

医学情况

是否曾经或现在存在:

心脏骤停

心脏手术、心脏导管插入术、冠状动脉成形术

心脏起搏器、植入性心脏除颤器、心律失常

心瓣膜病

心力衰竭

心脏移植

先天性心脏病

糖尿病

肾脏疾病

评估第2和第3步

在没有选择第 3 步的情况下,没有必要进行医疗检查。

如果第 2 步选择"是"并且选择第 3 步,可以继续进行轻度至中等强度的锻炼,如果需要高强度的锻炼,则建议进行医学检查。

如果在第 2 步中勾选"否",并且在第 3 步的任一项中打钩,则建议进行医学检查,且可能会在同一时间要求医疗监督。